たった5秒！手のひらを見るだけで運命の男性がわかる

日本一笑わす手相家
佐藤 香

みらいパブリッシング

まえがき

運命の男性は、「手のひら」を見るだけで、パッと分かる!!

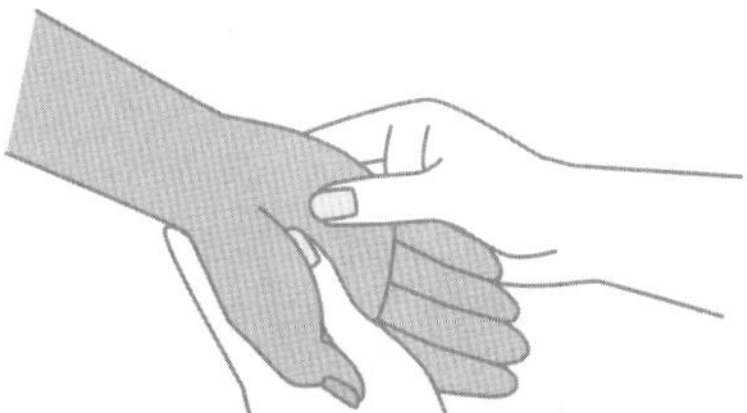

あなたは最近、誰かの手に触れましたか？

握手という習慣があまりない私たち、パートナーや幼いお子さんがいなければ、他人の手に触れる事は、なかなかないと思います。

私は手相家として、今まで多くの手に、触れてきました。手相と他の占いの違いは、〝相手に触れること〟です。**手相は、その人の人生が手の中に描かれています。外見だけでは分からない情報を、手は教えてくれます。**

手相は生まれた時から刻まれていて、その後、動作、感情、体の状態、脳からも影響して作られていると言われています。

手相の歴史は古く、5千年程前のインドが発祥の地とされ、長い歴史の中で受け継がれた統計学でもあります。

手相には主要な線が6つあり、その他、たくさんの線や印があります。そのため、手相を本で習得するのは至難の技です。しかし、手相を占い師だけが活用するのはもったいないと思い、手相を元にした新しい「人間観察メソッド」を考えました。

このメソッドは、男性を見極めるポイントを5つ選び、❶手の大きさや

特徴から「性格」を、❷生命線は「健康」を、❸太陽線は「成功」を、❹財運線は「金運」を、そして❺結婚線は「恋愛」を見ます。

とは言え、本書で、手相を覚えていただく必要はありません。それらの線や手の特徴を、ものや、面白い言葉に例えたメソッドです。すると、**「優しい男性か、仕事で成功しそうか、金運はあるのか、浮気する可能性はあるのか」などが、たちまち分かってしまいます。**

このメソッドを使えば、一か所5秒で分かってしまいます。

そこからは、伝え方の例文を使い、手に触れ、会話を広げれば、たちまち相手との距離は近くなり、**恋愛のパートナーに選ぶのか、仕事のキーパーソンに向いているのか、お金を運んでくれる福の神様になりそうなのか、**などを、あなたがこっそり吟味しましょう。

面白いでしょ！　ワクワクしますよ。

人の人生は、出会いとかかわりがすべてです。あなたの人生に、大きく影響する男性と出逢うために、そして、そのチャンスと、タイミングを逃さないために、読み終えたらぜひ、たくさんの手に触れてください。

このメソッドを活用して、多くの男性の手と触れ合い、あなたの望む人間関係を築いていただけたら幸いです。

たった5秒！　手のひらを見るだけで運命の男性が分かる　目次

Check1
男性は、顔ではなく「手」を見て判断しよう

「爪の形」だけでも性格が分かる
——7つのタイプ……48

「手のひらの膨らみ」で性格や運気が分かる――6つのタイプ……63

Check2 男性の「人生と健康」は、ここをチェック！

Check3

男性の「強運・成功」は、ここをチェック！

「この手」はねらい目！必ず押さえておきましょう……102

成功しそうな時期と内容を見る……116

Check4

男性の「金運」は、ここをチェック！

Check5

男性の「恋愛・結婚」傾向は、ここをチェック！

Check1

男性は、顔ではなく「手」を見て判断しよう

なぜ「手のひら」で、運命の人が分かるのか

あなたは、どんな顔の男性が好みですか？

「四十歳過ぎた人間は、自分の顔に責任を持たなくてはいけない」

これはリンカーンの名言です。

「二十歳までの顔は親からもらった顔、二十歳以降の顔は、自分で作る顔」

これも有名な言葉ですね。

人間の顔は生き様や価値が現れます。しかし、**顔以上に、今までの生き方や、今の思考、行動による未来までが現れているのが手相**です。

「目は口ほどにものを言う」と言いますが、私は、「手は口ほどにものを言う」と思います。

苦しい、哀しい、悔しい、そんな時、人前ではそれを表情に出さないで我慢しなければいけない時があります。でも、手のひらはどうでしょうか。ぐっと拳を握っていませんか？

「顔で笑って心で泣いて」と言いますが、「顔で笑って手で泣いて」。そんなふうに手には、感

情が伝わります。**顔は表情でごまかせても、手はその人の生き様が現れます。他人の心は覗けなくても、手は見ることができます。**

手相はスピリチュアルなものではありません。五千年以上も積み重ねられた統計学です。古来中国の医学では、医師が手相も見ていたといわれています。体調の変化を手から判断していたようです。

手相は気質、可能性、健康、潜在能力さえも、過去、現在、未来と描かれています。そして手相と他のスピリチュアルな占いとの違いは、未来が変えられるという点です。行動、思考を変えれば、その人の持つ可能性を何倍にも広げることができます。

例えば、あなたがこの本で金運の良い男性を見つけたら、もっと良くすることが可能です。反対に、どう見ても出世する可能性が低い男性でも、優しさに惹かれたのなら、あなたのアドバイスで出世できるように導けばいいのです。

あなたが、何を一番重視して運命の人を見つけるかは自由です。

女性は直観が優れています。手に触れるだけでも、きっと何かを感じ、そしてこのツールを使えば運命の男性がきっと見つかるはずです。

「この一言」から、すべての出会いは始まる！

運命の男性と出逢うために、ここからいよいよスタートです。

では、この本の中で、一番難しい事から始めます。
あなたが声を掛けたい相手は誰ですか？

職場のあの人、行きつけのショップの店員さん、上手く付き合いたい上司、営業先の社長……。**相手が誰でも、かける「魔法の言葉」は同じ**です。

その言葉とは、

「いい手！」

なんだ、普通の言葉じゃない、と思いましたか？
でも、**この言葉じゃないとダメなんです。**

「いい手ですね～」
「いい手をしていらっしゃいますね」
「○○さんの手、いい手～」
「あら～なんていい手でしょ」

バリエーションはいろいろあります。

しかし、**「いい手」というこのワードは変えないでください。**


例えば、「綺麗な手」ではダメです。

あなたが他人から突然、綺麗な手ですね、と言われたらどう思いますか？ 素敵な男性から突然言われたら嬉しいかもしれませんが、どういうつもりなのかと、少々不信に思いますよね。

あなたの手が誰から見ても美しいならまだしも、そうではなかったら、何か魂胆でもあるのかと思いませんか？

でも、「いい手」と言われたらどうでしょうか？

先日、お客様から「主人がね、ママさんは、いい顔をしているって言っていたの。いろいろ乗り越えてきた、いい顔だって」。私はジーンとするほど嬉しかったです。

もしこれが、「綺麗ですね」と言われたら、お世辞でしょ？　と思います。先日も、小学生のお子様を連れたお客様が、「ママさん、お綺麗ですね」と言って下さったら、すかさずそのお子様が「お世辞だよ」と（笑）。

話は脱線しましたが、顔の場合でも年齢を重ねるほど、いい顔と言われるのはうれしいものです。

『いい』と言われたら、人は、どこがいいのか知りたくなります。

あなたが、「いい手ですね」と言って「えっ？　どこが」と相手が返して来たら、もう一度「とっても、いい手」と言って、手を少し覗き込んでください。これで、大抵の方は自然に手を見せてくださいます。

「手相が分かるのですか？」と聞かれたら、「そうではないですが、少し」と、このあたりは曖昧にしたほうがいいかもしれません。

どうでしょうか、憧れの方なら、もう手に触れてしまいましたよ（笑）。

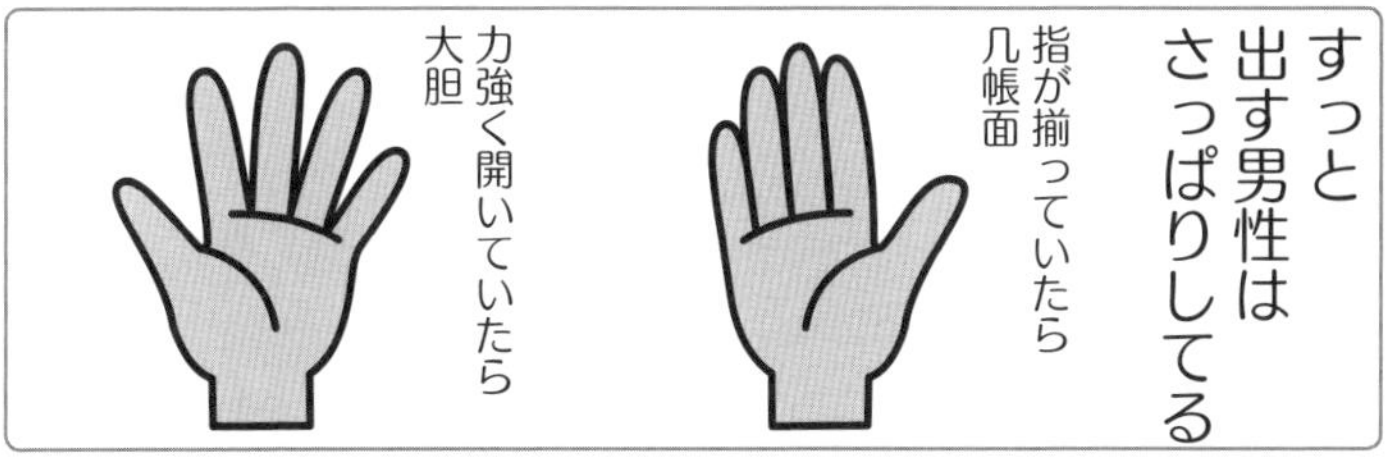

大きさと形で分かる男性の8つのタイプ

大きさの説明に入る前に、**男性の手の出し方で性格の判断ができます。すっと出す男性はやはり、さっぱりした方が多く、指が揃っていたら几帳面、力強く開いていたら大胆。**

反対に恐る恐る出す男性は、警戒心が強く、やや臆病、指が曲がっていたら小心者です。でも経済観念はしっかりしているから貯金をするタイプです。手から物が落ちるのを恐れるような出し方をするので、覚えておいてください。

この出し方はイメージのままですから、簡単に

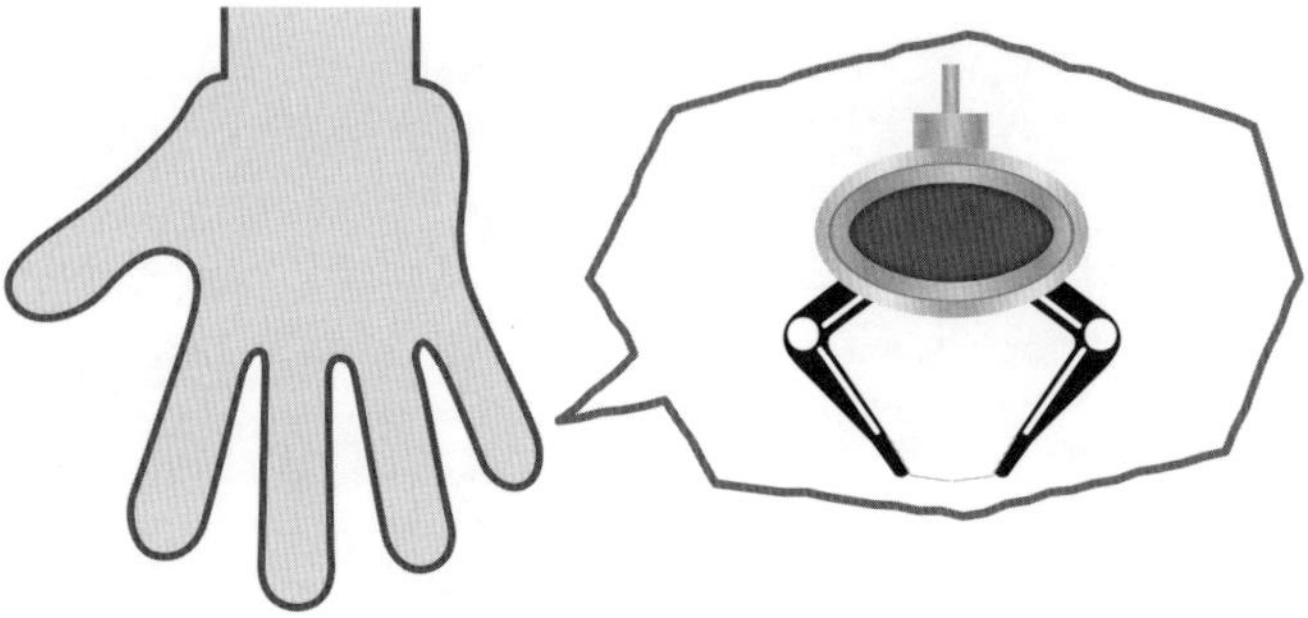

覚えることができると思います。

♥タイプ1　大きい手の男性

人の手は身長に比例すると言われていますが、身長や体型のわりに、大きな手と感じる人だったら、**『UFOキャッチャー手』**と覚えてください。

UFOキャッチャーはどんなふうにしますか？慎重に狙いを定めますよね、そして時には大胆にキャッチ！

大きな手の男性は、慎重でナイーブな方が多いのです。性格も気配りができて、手先が器用、金運は良くも悪くもない。UFOキャッチャーのように商品が取れる時もあれば、逃す時もある。

『UFOキャッチャー手』、イメージできましたか？　では、お手本を幾つか紹介しますね。

「あら〜、大きな手」
「わ〜、大きな手」

男性は大きな、と言われるだけで優位に立ったように感じます。決して変な意味ではありません。

そして驚くときに言う言葉を入れてください。「ま〜」とか「あら〜」「うわ〜」、とにかく可愛く大げさに、「大きな手」と言ってください。

そして慎重というワードは言わない方がいいかもしれません。「慎重＝度胸がない」と感じてしまうからです。とにかく相手の気持ちを持ち上げる事だけを考えて、発言しましょう。

「**わ〜**、優しく包んでくれそう」
「**すご〜く**、頼りがいのある方だわ」
「優しくて、ここぞという時は大胆、**すご〜い！**」
「みんなに気遣いができる、**すごく**優しい方ね」

「努力家ですね、**すごい！**」

＊わ〜、すごく、すごいという言葉は強調してください。

★必ず両手で相手の手に優しく触れながら話してください。

❤大きな手の男性はまじめで大人しい人が多いです。あなたが主導権を持ちたいなら、大きな手の方がおススメです。

大きな手でも手のひらが厚い手、薄い手、指が太くて長い手もあれば、細くてきれいな方もいます。**手相では、細くて手のひらが薄く、きれいな手の男性はあまり頼りにならない**と言われています。

私はこういう手を『**売れないギタリスト手**』と呼んでいます。

細くて長い指は、ギターを弾いたらセクシーな手です。芸術的センスのある方が多いのですが、それをいかせるかどうかは分かりません。『売れないギタリスト手』イメージできましたか？　では、お手本を幾つか紹介しますね。

「わ～綺麗な手！　私の手より綺麗、すごくセクシー」
「○○さんみたいに綺麗な手の方は、センスが良いんですって！　ステキ」

＊セクシー、ステキという言葉は、小さい声で呟くように言った方が効果的です。言葉に強弱をつけるとより相手に伝わります。

★必ず両手で相手の手に優しく触れながら話してください。

❤細くて手のひらも薄く、きれいな手の男性は、芸術的センスはありますから、才能をいかせれば大成功する可能性があります。あなたが才能を信じ、支えていく覚悟があるのならおススメです。

※注意点：手のひらが薄く、指が細くて美しい手は、才能をいかせなかった場合、あなたが養うくらいの覚悟が必要です。

◆自分の手と相手の手を重ねて、大きさを比べてみる事は良いことですが、あなたが大きい手なら、相手に分からないように、少し下にずらすとよいでしょう。

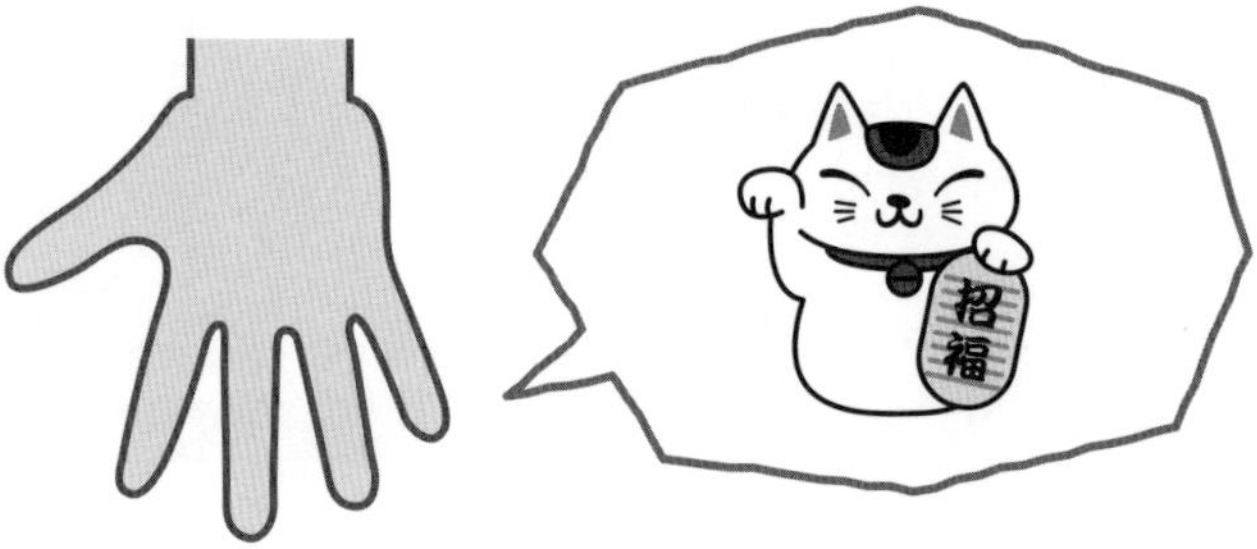

♥タイプ2 小さい手の男性

身長のわりに小さな手の男性は、**『ネコちゃんの手』**と覚えてください。

雄猫の性格の傾向は、感情がストレート、喜怒哀楽が分かりやすい、甘えん坊、やんちゃ、そして猫は単独行動を好みます。好奇心が強くて狭いところに入り込んで出られなくなるなど、おっちょこちょいなところもありますよね。

小さい手の男性は、マイペースで行動力があり、人の下で働くよりも起業をしたり、リーダーになるタイプです。調子に乗りやすく、おおざっぱな一面もあります。ネコの性格に似ています。

小さい手だから、おとなしいと思いがちですが、まさしく、『猫を被る』なのです。

『ネコちゃんの手』イメージできましたか？　では、お手本を幾つか紹介しますね。


「あれ～○○さんの手、小さい！」

「わ～小さな手ですね」

「あら、小さな手！」


ここまで言ったら、すぐに次の言葉に進みましょう。なぜなら、男性にとって**「小さい」**はあまりいい言葉ではないですから。でも、少し相手の気分を落としてから次の言葉に進む方が、効果はあります。


「手が小さい男性は、大胆で大きな勝負ができる人ですよ」

「偉業を成し遂げた人は、小さい手の方が多いらしいです」

「小さな手の男性は、正義感があって、大胆なんですって、ステキ！」

「リーダーになる人は小さい手の方が多いんですよ」

「思ったら、結構すぐに行動するんじゃないですか？　行動力のある男性は

魅力的です」

「大胆だけど、少しおっちょこちょいですか？　でも、そこがかわいいですね」

＊ステキ、魅力的、かわいいという言葉は、小さい声で呟くように言った方が効果的です。言葉に強弱をつけるとより相手に伝わります。

★この場合は、両手で相手の手を優しく包み込むように触れながら話してください。

❤小さな手の男性は、リーダー気質ですから、あなたが男性にリードしてほしいのならおススメです。

※注意点：小さな手の男性も、指が細い、手のひらが薄い場合は、大きい手の方同様、少し頼りない方が多いです。男性の手は、芸術的才能がある方、頭脳明晰な方以外は、しっかりした手がおススメです。

そして極端に小さな手は、血の気が多いと言われています。猫が背中を丸めて「シャー」と威嚇しているような感じの人だから、怒らせないように注意してください。

♥タイプ3　指先の丸い男性

指先が丸い手は、**『カエル手』**と覚えてください。カエルは、あまり群になって行動しないイメージです。カエルは手で餌を抑え込んだり、冬眠する穴を掘ったり、顔を拭いたりします。細かい作業は苦手でも、いろいろなことができます。**カエル手は〝使える手〟**なのです。

カエル手の人は、クリエイティブな才能があり、

独立心も強く好奇心旺盛。どんな状況でも動じず、自分自身を見いだし、挑戦し続け努力する手です。カエルがぴょんぴょんジャンプして前に進むイメージです。

カエルは縁起物としても有名ですよね。カエル＝「帰る」「返る」「還る」ということから、「無事帰る」「お金が還る」「若還る」など。がま口も、金運アップ効果があると言われています。

カエル手は、いい手です。ちなみに、この手の人はぴょんぴょん跳ねるような元気で活動的な女性を好みます。

『カエル手』、イメージできましたか？　では、お手本を幾つか紹介しますね。

「○○さんの指、先が丸いでしょ、こういう人は**どんな**仕事でもこなせる人なんですよ」

「指先がプクプク、○○さん、探求心がある方ですね！」

「○○さんみたいな丸い指先の方は、**とっても**縁起がいいんですよ」

「知り合いの社長が、面接では○○さんみたいな指先の丸い人を選ぶと言っていましたよ、仕事ができる人だから」

「指先がプクプクしている○○さん、やり手ですね！」

「指先が丸いから、何があっても動じない方ですね、頼もしい」

＊どんな、とっても、という言葉は、強調してください。仕事ができる、頼もしい、という言葉は、小さい声で呟くように言った方が効果的です。言葉に強弱をつけるとより相手に伝わります。

★この場合は、相手の指先に優しく触れながら話してください。

❤あなたがパートナーと一緒に起業したい、ショップやカフェを経営したい、と思うなら、指先が丸い手の男性は何でもこなせるのでおススメです。

※注意点：指先が極端に丸く肉づきがいい手の男性は、計算高く、人を利用する可能性があるので注意してください。

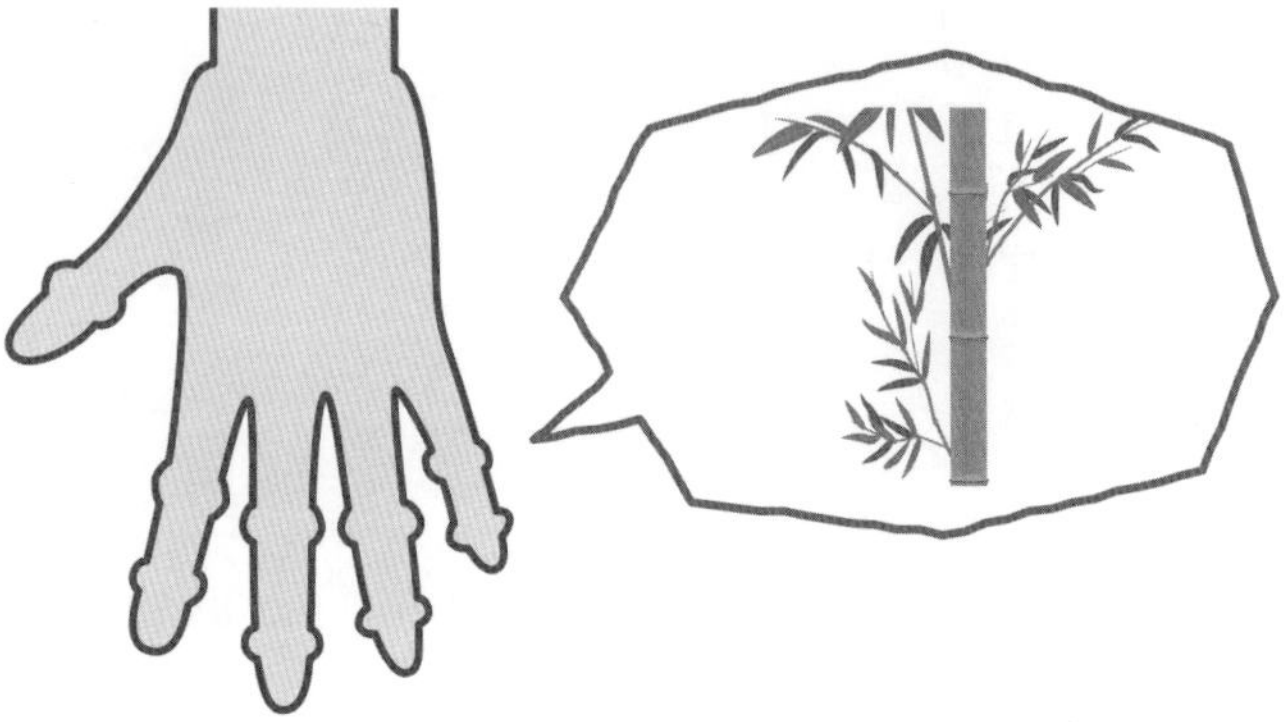

♥タイプ4　関節が目立つ手の男性

関節が目立つ、筋くれ立つ手は、『**バンブー手**』と覚えてください。関節が竹の節のような手です。竹は有用な植物として、古来より家屋に使用され、かごやざる、茶道の道具、竹刀や弓、笛に用いられています。しなやかで強い竹は、静かな日本家屋の庭にあるイメージですよね。

バンブー手は芯が強く物静か、一人を好みます。研究熱心で努力家。判断力、分析力に優れ、知的好奇心が強く、性格は文字通り「竹を割ったような性格」で、自分の意見もしっかり持っている男性です。ただ、あまりお金には執着しない人が多いようです。

『バンブー手』イメージできましたか？　では、お手本を幾つか紹介しますね。

「あら～関節がしっかりしてる！　○○さん、とっても芯の強い方ですね」

「○○さんみたいに関節が目立つ男らしい手は、寡黙な方が多いんですよ、ステキ」

「○○さんの手、節が太いでしょ。こういう方は竹を割ったような性格なんですって！　かっこいい」

「関節がしっかりされていますね。こういう方は、自分の考えや意見をしっかり持っているんですよね。いいな」

＊ステキ、いいな、かっこいい、という言葉は小さい声で呟くように言った方が効果的です。言葉に強弱をつけるとより相手に伝わります。

★この場合は、関節をくりくり指で掴み、ほぐす感じで話してください。

❤あなたが物静かで穏やかな家庭を望むなら、節くれ立つ手はおススメです。ただし、物静かでも芯があるから、日本家屋にいそうな亭主関白タイプです。

※注意点：『バンブー手』は穏やかな男性が多いですが、キレると怖いです。竹が割れた時のような、鋭い感じに似ています。ご注意ください。

❤タイプ5　ぽっちゃりした手の男性

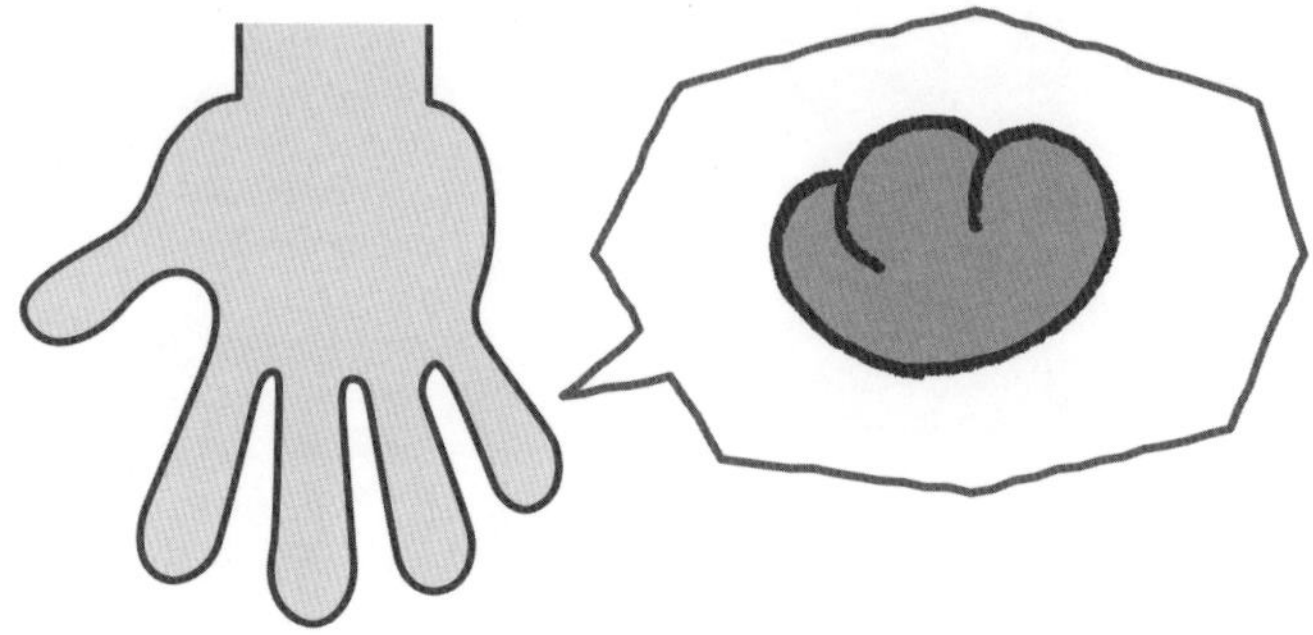

柔らかくて手の甲や指がぽちゃぽちゃした手は、『クリームパン手』と覚えてください。

プックリふわふわで、中から甘いカスタードクリームが出てくるクリームパン。数あるパンの主役級ではないけれど、誰からも好かれるパンです。たいていどこのパン屋さんにもあります。

そんなクリームパンのようなぽっちゃりした手の男性は、モテモテというわけではありませんが、

誰からも好かれる人気者です。おしゃべり好きでロマンチスト。考え方に柔軟性があり、何かに縛られず臨機応変に対応できます。金運もいい方です。自分の会話について来られる、話題が豊富な女性を好みます。

『クリームパン手』イメージできましたか？ では、お手本を幾つか紹介しますね。

「わっ！ ポチャポチャ」
「あら～、プクプク」

男性でぽっちゃりした手を気に入っている人は少ないと思います。なぜなら、ぽっちゃりした手の男性は、体型もぽっちゃり型が多いからです。でも、少し相手の気分を落としてから、次の言葉に進む方が効果はあります。

「○○さんの手、気持ちいい～、こういう手の人は人気者なんですよ」
「あ～やっぱり～。○○さんの手、みんなに好かれる手だわ～」
「柔らかい手！ ○○さんてロマンチストでしょ、気持ちよくてずっとさわっていたくなる～」

「〇〇さんみたいなポチャポチャした手は、金運もいいんですよ」

＊気持ちいい、やっぱり、ずっとさわっていたくなる、という言葉は小さい声で呟くように言った方が効果的です。言葉に強弱をつけるとより相手に伝わります。

★この場合は、パンをさわっているイメージで、相手のポチャポチャの手全体を包むように触れてください。

❤ぽっちゃりした手の男性は、気持ちも心も大らかで明るい人が多いから、あなたが楽しい会話、明るいパートナーが好みならおススメです。

※注意点：ぽっちゃりした手の男性は、柔軟性があるために、他人の影響を受けやすく、行き当たりばったりの傾向があります。そのため、あまり頼りにならないところがあります。特に張りのないブヨブヨした手は頼りにならない手です。

❤タイプ6　太くて短くがっちりした手の男性

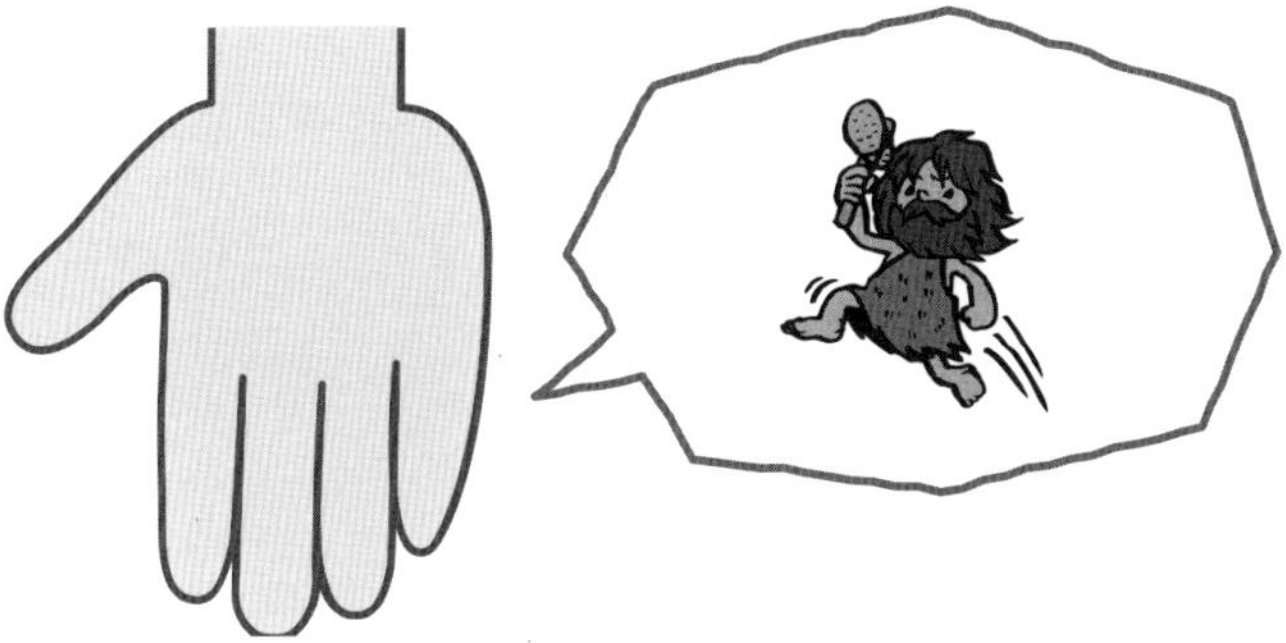

太くて短くがっちりした手は、『**原始人の手**』と覚えてください。

原始人といえば、マンモスを射止め、大きな石のお金を転がし、毎日自分で食料を調達するために命がけだったと思います。そんな原始人の手を想像してください。太くて短く、がっちりして、黒くて肌のきめも粗いと思いませんか？

太くて短くがっちりした手の男性は、野性的で素朴、真面目、誠実、忍耐強い方です。言葉より行動で示すタイプ。女性はどんなタイプでも受け止めてくれる方が多いです。

『原始人の手』イメージできましたか？　では、お手本を幾つか紹介しますね。

「○○さんの手、男らしい～こういう手

の人は行動力があるんですよ」

「わ〜**たくましい手**、○○さんて忍耐強い方ですね」

「あら〜しっかりした手。○○さんて、誠実な方ですね」

「ま〜スゴイ！　まさに男って感じの手！　○○さん野性的でしょ」

「強そうな手〜。でも真面目で優しい方ですね」

＊男らしい、たくましいという言葉は強調して、野性的、優しい方は、小さい声で呟くように言ったほうが効果的です。言葉に強弱をつけるとより相手に伝わります。
★この場合は、少し力を入れて相手の手をさわってください。
♥あなたが夜景を見ながらのディナーより、居酒屋で生ビールが好みなら、太くて短くがっちりした手の男性がおススメです。

※注意点：太くて短くがっちりした手の男性は、ロマンチックが苦手ですから、甘い言葉は言ってもらえないと思います。『原始人の手』ですから物欲は乏しく、その日暮らしで将来をあまり考えない方が多いです。

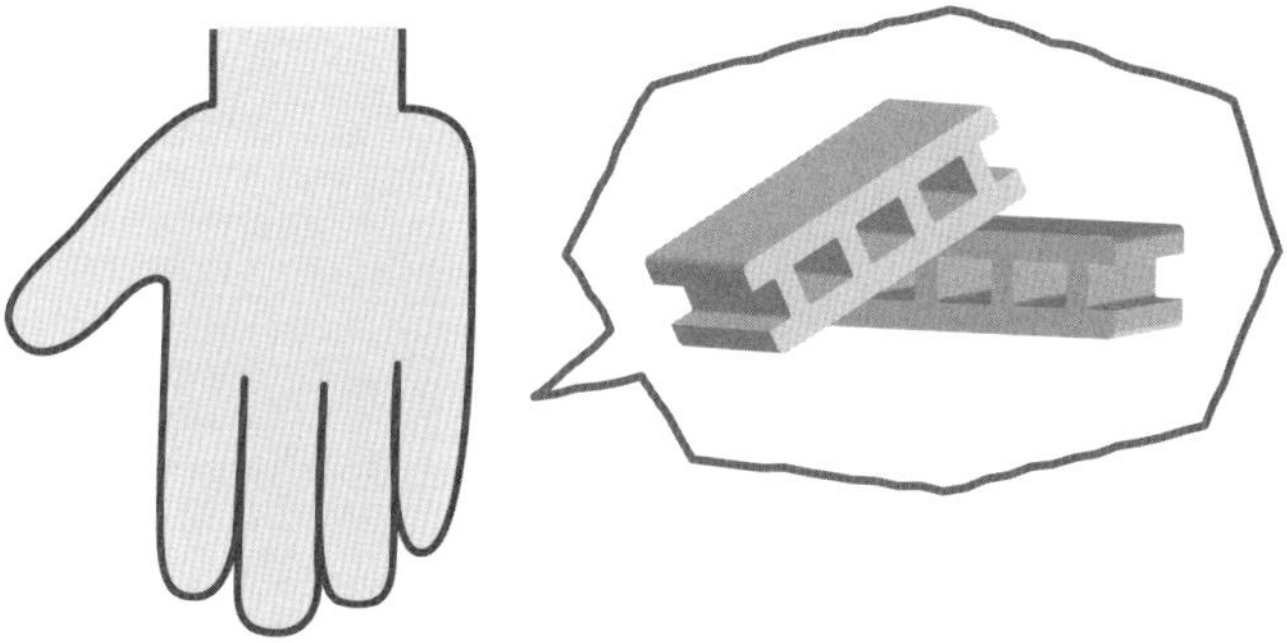

♥タイプ7　四角い手の男性

角張って四角い手は、**『ブロック手』**と覚えてください。

ブロックは硬くて四角くて、積み上げて壁や塀などに使用しますよね。塀を作る時はブロックをきちんと積み上げます。

ブロックのように四角い手の男性は、時間や規則を守り、真面目、礼儀正しい方で、忍耐強い、几帳面、誠実、形あるものを求めます。また、家族、友人を大切にして建設的な関係を築きます。型にはまるのが好きなタイプですから、恋愛も男性からと考えがちです。

『ブロック手』イメージできましたか？　では、

お手本を幾つか紹介しますね。

「○○さんの手、全体的に四角いでしょ、こういう手の方は仕事を確実にこなす人なんですよ。責任感もありますね」

「わ〜○○さん、**できる男**ですね。四角い手の男性は、実績を残す人ですよ！」

「**やっぱり〜。**○○さんみたいな、四角い手の方は信頼できる男性なんですよね」

「○○さんと結婚する人は幸せだわ〜。うらやましい！　四角い手の男性は家庭を大切にするから」

「あら〜、四角い手！　誠実な方ですね〜。○○さんの彼女は幸せですね〜」

＊できる男、やっぱりという言葉は強調して、責任感がある、うらやましい、幸せですね、は小さい声で呟くように言った方が効果的です。言葉に強弱をつけるとより相手に伝わります。

★この場合もしっかりした手だから、少し力を入れてさわってください。

❤家族を守る意識の強い方だから、貯金もしていいそう、信頼できます。男性に主導権を持っていただきたい方はおススメです。

※注意点：四角い手の男性は、お金に几帳面だから、あなたが浪費家なら文句を言われてしまいそう。何でも型にはめようとするため、一緒にいると少し窮屈かもしれません。

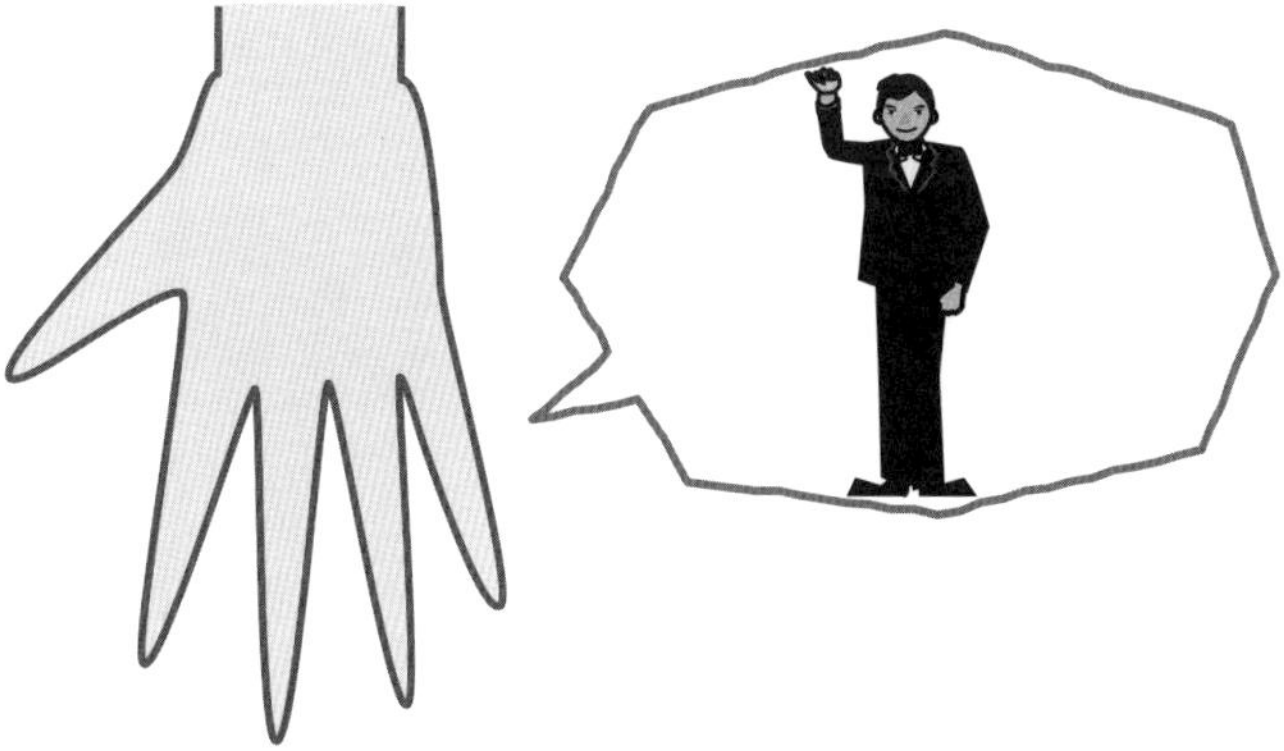

♥タイプ8　細くとがった手の男性

指先が細くとがった手は、『**スター手**』と覚えて下さい。星のように先がとがった手です。

キラキラと夜空に輝く星、ギリシャ神話に秘められた星座などは、ロマンを感じますよね。星は天気により見えたり見えなかったりします。スターは容姿が美しくて、憧れの存在です。

細くとがった『スター手』の男性は、とても珍しいです。肌のきめも細かく女性的な手です。スター手の男性は理想を求めます。夜空に輝く星のような、美しいものが好きで、空想家です。直感派で少し浮世離れした感じの人で、アーティストタイプの人です。センスが良く、美しい女性を好み、見た目で人を判断します。

『スター手』イメージできましたか？　では、お手本を幾つか紹介しますね。

「やっぱり～！　○○さんみたいに指先がとがっている手は、すごくセンスがいい人なんです。なかなかいない手ですよ」

「○○さん、指先細い！　アーティストタイプですね。**ステキ**」

「も～、綺麗な女性しか無理でしょ～○○さん。面食いの手だもん」

「○○さんおしゃれだから、お部屋も**ステキ**でしょうね。こういう手の人は、綺麗なものに囲まれていたい方なの、女性もね」

＊ステキという言葉は強調して、なかなか、いない手、も～、女性もね、は小さい声で呟くように言った方が効果的です。言葉に強弱をつけるとより相手に伝わります。

★この場合は繊細な手だから、そっと優しくさわってください。
❤ロマンチック、甘い言葉、おしゃれな服装や生活を望むなら、細くとがった手の男性がおススメです。

※注意点：細くとがった手の男性は気まぐれです。美しくセンスがいいものが好きですが、人の影響を受けやすく、流されやすいため、流行で好みが変ったり、神経質で現実の問題と向き合う事が苦手です。あなたが同じ感覚でないと結婚生活は大変かもしれません。

「爪の形」だけでも性格が分かる ―7つのタイプ

男性は、ネイルや爪を伸ばしている人が少ないから、爪をチェックするのは簡単です。爪で健康状態を見ることもできますが、大まかな性格も分かります。手の大きさや手の形で特徴がない場合は、爪を見てみましょう。

すべての爪の形に共通する、爪の色の健康診断から説明します。

▼ピンク色―健康状態は良好です。気力も充実しています。

▼赤色―気持ちが高まりすぎています。トラブルに注意。

▼青白い色―疲労気味、神経質になっています。

▼灰色―血液の流れが悪くなっています。休養をとってください。

この色はイメージのままですから、簡単に覚えることができると思います。

♥タイプ1　丸い爪の男性

丸い爪は、『**お日様爪**』と覚えて下さい。

お日様は、明るく暖かく、そして世界を照らします。しかし時には雲に隠れてしまう場合もあります。

丸い爪の人は明るく穏やかで優しい人、みんなに合わせようと場の雰囲気をつくります。そのため苦手な人にも優しく接します。楽天家で、太陽のように分け隔てなく暖かな人です。

『お日様爪』イメージできましたか？　では、お手本を幾つか紹介しますね。

「ま〜、○○さんの爪まる〜い！　優しい方ですね〜」

「あら、○○さん優しい人の**典型**！　丸爪だわ〜」

「**やっぱりそうだわ**。○○さん明るいから、まん丸爪ですね」

「○○さんの爪かわいい。こういう爪の方はみんなに優しい人なんですよ」

＊典型、やっぱりそうだわ。という言葉は強調して、優しい方ですね〜かわいい、は小さい声で呟くように言った方が効果的です。言葉に強弱をつけるとより相手に伝わります。
★この場合は爪をマッサージするようにさわってください。
♥明るく、場の雰囲気を良くするような男性が好みの方はおススメです。

※注意点：丸い爪の男性は、みんなに合わせようとするあまり八方美人になり、その場を取り繕いすぎて信用されなくなる場合があります。晴れだと信じていたら、雲行きが怪しくなって急に雨が降る、そんなイメージです。

♥タイプ2　四角い爪の男性

四角い爪は、手のひらの大きさと形で分かる――43ページの四角い手の男性、『ブロック手』とほぼ同じですから、『ブロック爪』と覚えて下さい。

爪の先が直線で角ばった爪の人は常識人です。几帳面で知的な人が多く、計画通りに物事を進めます。体力もあります。

『ブロック爪』イメージできましたか？　では、お手本を幾つか紹介しますね。

「○○さんの爪、四角いでしょ。こうい

う爪の方は適当な事ができない人。信頼できる人なんですよ」

「四角い爪の男性は、**知的**なんですよ〜」

「四角い爪の方はガッツがある男性なんですよ〜。〇〇さん**パワフル**ですよね！」

「〇〇さんの爪、**四角**いから恋愛に誠実ですよね。彼女になる人はいいなっ」

＊知的、パワフルという言葉は強調して、信頼できるもん、いいなっ、は小さい声で呟くように言った方が効果的です。言葉に強弱をつけるとより相手に伝わります。
★この場合も爪をマッサージするようにさわってください。
❤堅実で真面目で、規則正しい生活をする男性が好みの方はおススメです。
※注意点：四角い爪の男性は、真面目ゆえ、融通が利きません。頑固で人の好き嫌いもはっきりしています。恋愛に誠実ですが、ムードづくり・愛情表現は苦手です。

❤タイプ3　卵型の爪の男性

卵型の爪は、そのまま『**卵爪**』と覚えてください。大人も子どもも好きな卵。ゆで卵、卵焼き、オムレツ……。いろんな料理にアレンジできる卵は、お菓子やケーキに欠かせない食材です。

卵型の爪の方はみんなの人気者。どこにいても周りの人を引きつけ、自然にリーダーになるような華やかでスター性のある方です。

『卵爪』イメージできましたか？　では、お手本を幾つか紹介しますね。

「わ～○○さんの爪、**綺麗な形**。こういう爪の方は人気者なんですよ」

「綺麗な爪～。こういう爪の男性は、**人を引き付ける方**なんですよ～」

「○○さんの爪、卵型でしょ。どこにいても注目される、**魅力**ある方なんですよ」

「○○さんの爪、私より綺麗な形。ステキな方は爪も綺麗ですね」

＊綺麗な形、人を引き付ける方、魅力がある、という言葉は強調して、ステキな方、は小さい声で呟くように言った方が効果的です。言葉に強弱をつけるとより相手に伝わります。
★この場合も爪をマッサージするようにさわってください。
♥華やかでみんなの人気者、自然にリードしてくれる男性が好みの方はおススメです。
※注意点：卵型の爪の男性は、華やかで社交的ゆえ、浪費家の傾向があります。結婚しても付き合いだと言って外出や出費が多いタイプです。

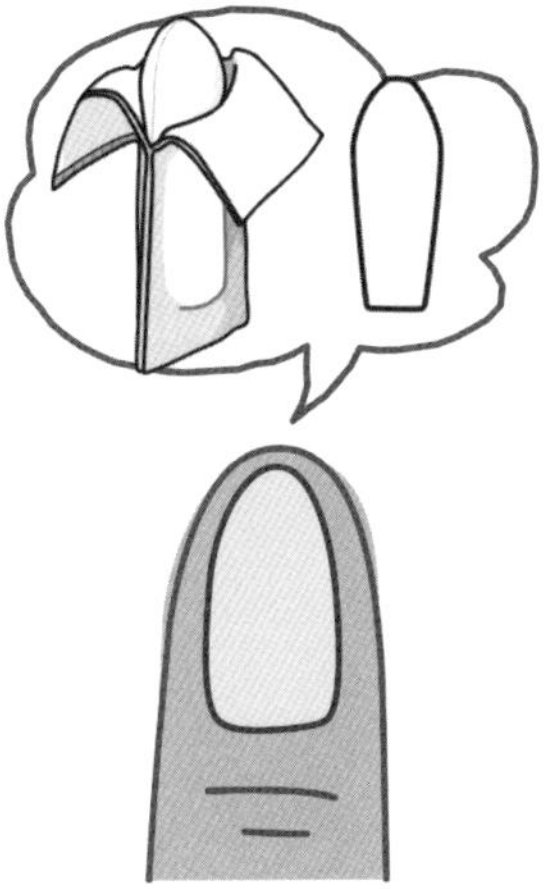

♥タイプ4　細い爪の男性

細い爪は、少し例えが変ですが、**『座薬爪』**と覚えてください。

座薬のような幅の細い形の爪です。座薬を使う時は熱がある時や痛みを和らげる時など、不調なときですよね。

座薬型の爪の方は、もともと体の弱い方、体力が落ちている方、疲れやすく気力がない方で、おとなしい方が多いです。

『座薬爪』イメージできましたか？　では、お手本を幾つか紹介しますね。

「〇〇さん、仕事**頑張りすぎ**ですよ。爪に少し疲れが出ていますよ」

「最近無理していませんか？　ストレスが爪に出ているから少し休んでください　ね」

「〇〇さん、たまには温泉にでも行ってのんびりしてくださいね。お疲れなのが爪に出ていますよ」

＊頑張りすぎ、という言葉は強調して、少し休んでくださいね、少しお疲れは小さい声で呟くように言った方が効果的です。言葉に強弱をつけるとより相手に伝わります。
★この場合は優しく優しく、爪をマッサージするようにさわってください。
❤消極的で少しひ弱な感じの男性が好みの方は、あなたが美味しい食事を作り、体力アップをしてあげるのがおススメです。
※注意点：細い爪の男性は、何事もマイナス思考の方が多いです。なかでも爪の両側が食い込んでいるタイプは、気力体力がかなり減退しています。将来、病気がちになりそうです。

♥タイプ5　逆三角形の爪の男性

逆三角形の爪は、**『しじみ爪』**と覚えて下さい。

しじみに限らず貝は、外部から刺激が加わると貝殻を閉じます。とても敏感ですよね。しじみは栄養価も高く、サプリメントも多数あります。

しじみのような逆三角形の爪の方は、とても敏感な方が多いです。周囲の目や考えていることをすかさずキャッチします。そのため、斬新なアイデアがひらめいたりします。自分の考えをはっきり伝える事ができる人です。

『しじみ爪』イメージできましたか？　では、お手本を幾つか紹介しますね。

「○○さんって**すごく**勘が鋭いんじゃないですか？」

「いろんな情報をキャッチできるアンテナがある方ですよ」

「○○さん、ひらめきの**天才ですよ！**」

「○○さん敏感～。私の心の中も分かってしまいそう～」

＊すごく、天才という言葉は強調して、敏感、は小さい声で呟くように言った方が効果的です。言葉に強弱をつけるとより相手に伝わります。
★この場合は敏感な方ですから、優しく爪に触れるようにそっとさわってください。
♥つねにアンテナをたて、少しピリピリした緊張感があります。頭を使う男性が好みならおススメです。
※注意点：逆三角形の爪の男性は、神経質な方が多いです。些細な事でイライラして、心身ともに疲れやすいようです。

♥タイプ6　長い爪の男性

長い爪は、『**キリン爪**』と覚えて下さい。

長いといえばキリンの首。キリンは、のんびりしていて優雅、鳴かない、好奇心旺盛なところが特徴です。サファリパークでは車に近づいて来ます。

長い爪の方は温和で、周りに気遣いができるやさしい方。賑やかよりも、静かに過ごすことを好みます。行動はスピーディーではなく、じっくり時間をかけて取り組みます。感性が豊かで、神秘的な物にも興味があります。

『キリン爪』イメージできましたか？　では、お手本を幾つか紹介しますね。

「長くて大きな爪ですね～。○○さん優しくて、**すごく**気遣いができる方ですね」

「○○さんのような長い爪の方は、感性が豊かなんですよ」

「あまり賑やかな場所より、静かで落ち着く所が好きなんじゃないですか？私も同じです」

「あら～温厚な方ですね。○○さん優しいですもんね」

＊すごく、という言葉は強調して、私も同じ、優しいは小さい声で呟くように言った方が効果的です。言葉に強弱をつけるとより相手に伝わります。
★長い爪を上から下に優しくさわってください。
❤おっとりしていて、温厚、静かにゆっくり愛を育む、そんな男性がお好みならおススメです。
※注意点：長い爪の男性は、情緒的なものに興味を持つ方が多く、宗教や神秘的なものにはまりやすい一面があります。

♥タイプ7　短い爪の男性

短い爪は、『**かまぼこ爪**』と覚えて下さい。

かまぼこといえば、裏表がない。切って使う、美しい飾り切りができるなど、さまざまな料理で目立ち過ぎないのが特徴です。

短い爪の方は、表裏がない、さっぱりとした正直者。自分で道を切り開き、世話好きで頼りにされます。自己アピールは下手な方ですが、手先が器用で勉強好きです。

『かまぼこ爪』イメージできましたか？　では、お手本を幾つか紹介しますね。

「○○さんって裏表のない人ですね！　正直な方〜」

「さっぱりした性格ですね。男らしい」

「○○さんは、ご自分で**ドンドン**道を切り開く方ですよ」

「○○さんは、器用で勉強熱心！」

＊ドンドン、という言葉は強調して、正直な方、男らしい〜は小さい声で呟くように言った方が効果的です。言葉に強弱をつけるとより相手に伝わります。
★短い爪を横にこするように優しくさわってください。
❤さっぱりとした性格で、結論をストレートにはっきり言う、そんな男性がお好みならおススメです。
※注意点：短い爪の男性は、表裏がない分、感情がストレートで、我が強く怒りっぽい方が多いです。短ければ短いほど短気な方が多いです。

「手のひらの膨らみ」で性格や運気が分かる――6つのタイプ

次は手のひらの膨らみから性格や運気を見ます。この膨らみは、**手相では丘**と言います。正式には**9つの丘と手の平の真ん中の平原**があります。それぞれには太陽系の星の名前がついています。これにはいろいろな説がありますが、手のひらは宇宙からのエネルギーを受け取る場所であるとも言われています。

本書は手相を覚える本ではありませんから、丘の名前は覚えなくても大丈夫です。幼い頃にそれぞれの指を何と呼んでいたかを思い出していただければ結構です。

親指は、お父さん指。
人差し指は、お母さん指。
中指は、お兄さん指。
薬指は、お姉さん指。
小指は、赤ちゃん指。

みなさんこれなら覚えなくても分かりますよね。それでは、それぞれの膨らみの説明に入りますが、この膨らみの見方は、手を目の高さにして、どこが膨らんでいるのかを見てください。膨らんでいる場所は一か所とは限りません。まずは、一番膨らんでいる場所を見つけましょう。まれに手のひらが薄く、膨らみがない方もいますが、少しでも他の部分より膨らんでいるところを見つけてみましょう。

❤タイプ1　親指の下が膨らんでいる男性

親指は**お父さん指**。お父さん指の下が膨らんで、肉付きがいい方を、**『お父さんはエロ』**と覚えて下さい。

この場所は**愛情と生命力の場所。張りがあり、程よく盛り上がっている方は、愛情豊かでエネルギーが豊富、周りの人々に愛情を注ぎます。**家族を守るために精力的に働き、家族を愛する理想のお父さんもいれば、愛情が豊か過ぎて他の女性にもフラフラしてしまうお父さんもいます。

『お父さんはエロ』イメージできましたか？

では、お手本を幾つか紹介しますね。

「わ～○○さん、**愛がいっぱい！**」

「ここがプクプクしていますね。エネルギーが**いっぱい**、パワフル～」

「○○さんは、みんなに**愛を**与える人ですね～」

「あらっ～○○さんたら、ちょっとエッチ」

＊愛がいっぱい！　いっぱい、愛を、という言葉は強調して、エッチは小さい声で呟くように言った方が効果的です。言葉に強弱をつけるとより相手に伝わります。

★膨らみを押さえるように優しくさわってください。

❤体力があって元気で愛情豊か。そんな男性が好みならおススメです。

※注意点：親指の下の肉付きのいい男性は、愛情豊富で健康ですが、艶が出るほどパンパンに張っている男性は、愛情が強すぎて体力があり余り、精力旺盛な方が多いです。ですから『お父さんはエロ』というわけです。結婚した場合、あなただけに愛情を注がず、他の女性にも愛情を注いでしまう危険性がありますので、ご注意ください。

◆この場所が薄い方は先ほどと逆の意味になりますから、体力がなく、淡白な方です。

♥タイプ2 人差し指の下が膨らんでいる男性

人差し指は**お母さん指**、お母さん指の下が膨らんで肉付きがいい方を、『**お母さんは威張りんぼう**』と覚えて下さい。

この場所は**野心、向上心の場所。張りがあり、ほどよく盛り上がっている方は、リーダー向きで自信家。夢に向かって努力し、実現できる力があります。**実際の主導権を握っているのはお母さんという家庭も多いと思います。お母さんは家族の幸せのため、夢を叶えるために日々努力しています。多少、威張っているお母さんが多いのも事実ですよね（笑）。

『お母さんは威張りんぼう』イメージできましたか？　では、お手本を幾つか紹介しますね。

「〇〇さんは**リーダーになる**人ですよ！」

「〇〇さん、実は野心家なんじゃないですか？」

「〇〇さん、**夢を掴む**人ですよ」

「**向上心**がつねにある方。男らしい〜」

＊リーダーになる、夢を掴むという言葉は強調して、〝実は〟、や、〝男らしい〟は小さい声で呟くように言った方が効果的です。言葉に強弱をつけるとより相手に伝わります。

★膨らみを押さえるように優しくさわってください。

❤出世したい、成功したい。そんな向上心が豊かで、それを実現できる男性は、いわゆるデキる男。そんなタイプが好みならおススメです。

※注意点：人差し指の下の肉付きが発達しすぎていると、虚栄心が強く、頑固。ワンマンタイ

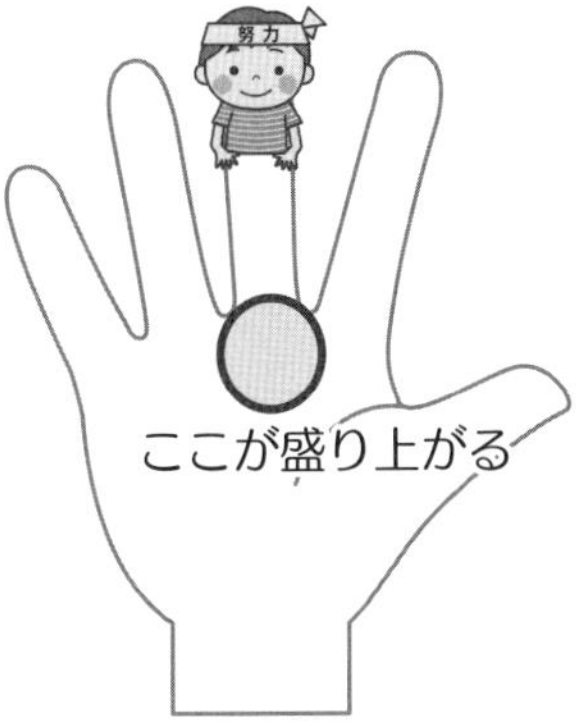

プですからご注意ください。

◆この場所が薄い方は、才能があっても現状で満足して努力をしない、何事にも受け身、依頼心が強い方が多いです。

♥タイプ3　中指の下が膨らんでいる男性

中指は**お兄さん指**、お兄さん指の下が膨らんで、肉付きがいい方を『**お兄さんは努力家**』と覚えて下さい。

この場所は、**忍耐、努力、探求心、研究心、思慮深さの場所。ほどよく盛り上がっている方は、コツコツ地道に努力して目標を成し遂げる人です。**受験生のお兄さんや、研究者のお兄さんをイメージして下さい。

『お兄さんは努力家』イメージできましたか？　では、お手本を幾つか紹介しますね。


「○○さんは頑張り屋さん。仕事もとても熱心ですもんね」

「努力を惜しまないから、何でも成し遂げる方！　すごい」

「○○さんは努力家ですよね～恋愛も諦めない方かな？」

「○○さん真面目で**忍耐強い**方ですよね」

＊何でも、忍耐強い、という言葉は強調して、頑張り屋さん、すごい、は、恋愛も諦めない方は小さい声で呟くように言った方が効果的です。言葉に強弱をつけるとより相手に伝わります。
★膨らみを押さえるように優しくさわってください。
❤破天荒な人より、計画的にコツコツ努力を積み重ねる、そんなタイプが好みならおススメです。
※注意点：中指の下の肉付きが発達しすぎると、孤独が好きで、自分の世界に入り込み、コミュニケーションをとらなくなりがちです。結婚すると暗い家庭になる可能性があるので、ご注

意ください。

◆この場所が薄い方は慎重さに欠け、軽率な行動をとりやすい方が多いです。

♥タイプ4　薬指の下が膨らんでいる男性

薬指は**お姉さん指、**お姉さん指の下が膨らんで、張りツヤが良い方は、**『お姉さんは人気者』**と覚えて下さい。

この場所は少し難しいです。お姉さん指の下に、手相で重要な線やマークがある人は、線の部分がくぼむ場合があります。ですから、お姉さん指と赤ちゃん指の間の肉付きがいい方も『お姉さんは人気者』と覚えて下さい。お姉さん指の下、お姉さん指と赤ちゃん指の間は**魅力、成功、人気、知性、芸術、金運の場所。魅力にあふれ、人を引きつける方です。明るい性格で、会話のセンスも芸術的センスもあり、芸能人タイプ。金運もいいです。**綺麗で華やか、センスもよく、みんなの憧れ。仕事もできる素敵なお姉さんを想像してください。

『お姉さんは人気者』イメージできましたか？　では、お手本を幾つか紹介しますね。

「〇〇さん**スゴイ、**人気者！」

「ここが膨れているでしょ、**オーラ**がある人ですよ～」

「〇〇さんは**芸能人**タイプですよ」

「**〇〇さん、**やっぱり～。人気も金運も仕事運もありますね！」

＊スゴイ、オーラ、芸能人、〇〇さん、という言葉は強調して、やっぱり、は小さい声で呟くように言った方が効果的です。言葉に強弱をつけるとより相手に伝わります。

★膨らみを押さえるように優しくさわってください。

❤この場所に張りがある男性は、全体運がいいのでかなりおススメです。膨らみにしっかりした縦の線があれば、なお運が良い男性です。

※注意点：薬指の下の肉付きが発達しすぎる男性は、虚栄心が強く、贅沢しがち。身の丈が分からなくなり、高価な買い物をしたり、話を大きくしたりする可能性があるのでご注意ください。

◆この場所が薄い方は人見知りで地味、運を逃しやすいです。この場所に縦のはっきりした線がない場合は、今は運を逃しそうです。

♥タイプ5　小指の下が膨らんでいる男性

小指は赤ちゃん指、赤ちゃん指の下が膨らんで、張りツヤが良い方は、**『赤ちゃんは金太郎』**と覚えて下さい。

この場所は、**金運、コミュニケーション、子孫繁栄、商才の場所。肉付きがよく、張りツヤのある方は、頭の回転もよく社交的、お金儲けが上手です。**家族の中で一番みんなにコミュニケーションをとってもらえる赤ちゃん。日々成長し、沢山の事を覚え、この先一番お金持ちになる可能性もあります。金太郎が着けている腹掛に書いてある金の文字を思い出してくださいね。

『赤ちゃんは金太郎』イメージできましたか？　では、お手本を幾つか紹介しますね。

「○○さん、**すごく**金運がいいですよ」
「ここの張りがいいから頭の回転が良くて、商才もある方です」
「勘が**とっても**いい方ですね〜○○さん」
「○○さんはお金儲けの上手な方ですよ〜」

＊すごく、とっても、という言葉は強調して、お金儲け、は小さい声で呟くように言った方が効果的です。言葉に強弱をつけるとより相手に伝わります。
★膨らみを押さえるように優しくさわってください。

❤この場所に張りがある男性は、金運があり、子宝運もあります。この場所にはっきりした縦の線があれば、なお金運はいいでしょう。子孫という点では、この場所の張りと、小指の長さを見て下さい。小指が薬指の第一関節より短ければ短いほど、子宝運は低めです。張りがあり、小指もしっかりしていれば、金運、子孫繁栄ともにいいのでおススメです。

※注意点：小指の下の肉付きが発達しすぎる男性は、欲張りで悪知恵を働かせがち。コミュニケーション能力が高すぎて、八方美人で偽善者の可能性があるのでご注意ください。

◆この場所が薄い方は、商才があまりなく、金運もよくありません。けれども縦のはっきりした線があれば、張りがなくても金運は大丈夫でしょう。

❤タイプ6　小指のさらに下が膨らんでいる男性

小指の下の手首の上あたりの張りがいい方は、**『ご近所さんは芸術家』**と覚えて下さい。

この場所は**想像力、芸術の場所。**肉付きが良く、張りつやのある方は、芸術面で活躍でき

る方です。**優しい方が多い**のも特徴です。五本指の家族の少し離れた所だから、ご近所さんは芸術家、隣に住んでいる作家や画家などを想像してください。

『ご近所さんは芸術家』イメージできましたか？では、お手本を幾つか紹介しますね。

「○○さん、美的センスが**抜群**ですよ！」

「**芸術家**タイプですよ！　○○さん」

「**あら〜**この場所が張っているから感性が豊かな方ですね」

「センスがよくて、優しい方ですね」

＊抜群、芸術家、あら〜、という言葉は強調して、優しい、は小さい声で呟くように言った方が効果的です。言葉に強弱をつけるとより相手に伝わります。

★膨らみを押さえるように優しくさわってください。

❤この場所に張りがある男性は、創造力が豊かで直観力があります。趣味が高じて仕事になる可能性もあります。一緒に何かを作るとか、こだわりのショップを開くなど、あなたに夢があるならおススメです。

※注意点：この場所の肉付きが良すぎる方は、現実離れしていて妄想、空想が強すぎる事が多いようです。ただの夢追い人になる可能性もあるので、ご注意ください。

◆この場所が薄い方は、趣味がなく、現実的に物を考えるタイプのため、人付き合いが苦手な方です。

Check2

男性の「人生と健康」は、ここをチェック！

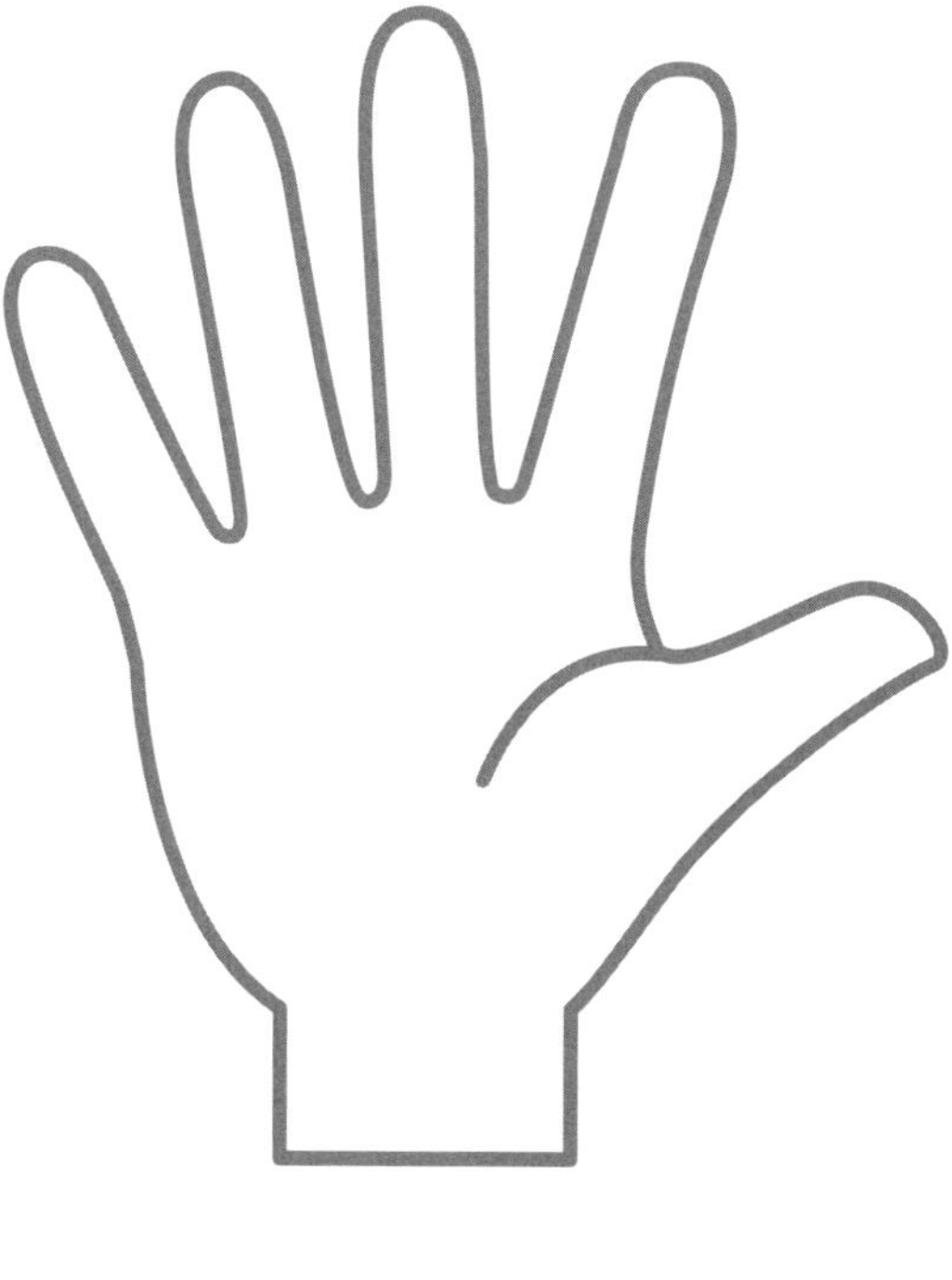

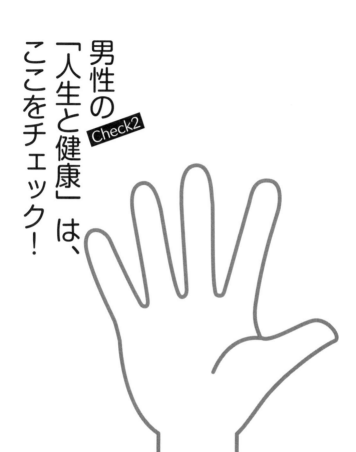

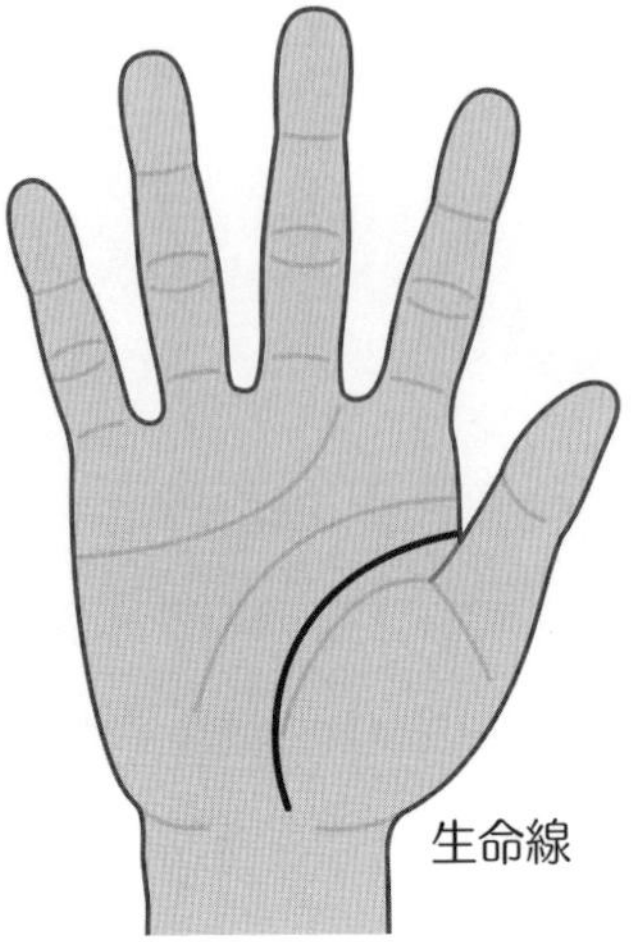

体が基本 ――こんな男性は 超おススメ

ここからは、手のひらの線を覚えていただきます。簡単ですから安心してくださいね。

左右どちらの手を見たらよいかですが、基本的には両方見た方がいいと思います。**感性をつかさどる右脳が影響する左手は、無意識による性格、そして、その無意識による性格に基づく行動、つまり生まれ持った性格による未来が出ています。反対に、理性をつかさどる左脳が影響する右手は、意識してきた性格や、行動による未来が刻まれると考えられます。どちらか片方だけを見るのなら、右手がよいでしょう。**

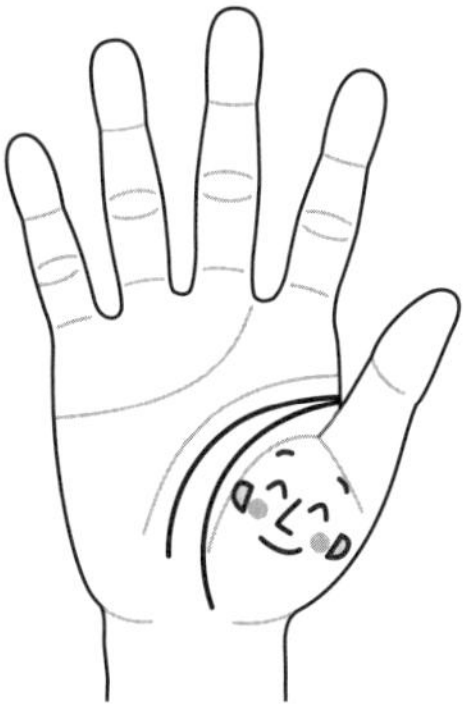

生命線が２本

手相を知らない人でも、生命線はどの線か分かる方が多いと思います。生命線とは、親指を囲んでいる線のことです。

『私は生命線が短いから短命なの』などとよく聞きますが、生命線はお父さん指の上にあります。まずは、お父さんの頭をイメージして下さい。

生命線はその方の**人生と健康**が現れます。この線だけでもかなりの情報を得る事ができます。あなたが望む男性なのか、しっかりチェックしましょう。

①最強パワフルな男性

男性は、ひ弱で運が無さそうな人より、エネルギー豊富でパワフルな方がいいですよね。今から説明するような生命線の男性はおススメですから、是非チェックしてください。

イラストのように、お父さんの頭に健康そうな艶のある髪の毛が二本あります。このような二本の生命線を、**二重生命線**と言います。線に勢いがあり、長ければ**長いほど健康で、性格も明るく、行動力もあり、もし、病気にかかったとしてもすぐに回復してさらにパワーアップできます。ピンチをチャンスに変え、目標を達成できる男性です。**

『パワフル父さん毛が二本』と覚えてください。

❤髪が二本だから、パワーは二倍というわけです。二重生命線がある男性は断然おススメです。

二重生命線の男性を見つけたら、

「〇〇さん生命線が二本ありますね。**パワフル！**」

「二本生命線があるから、体力も運も**二倍！　二倍！**」

などと褒めてあげて下さい。

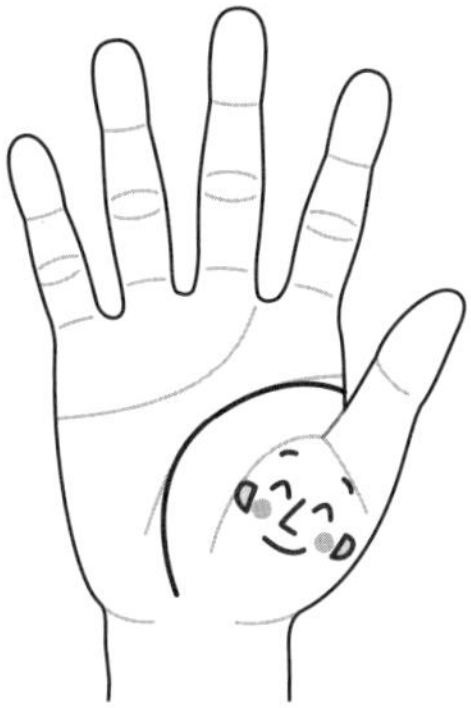

生命線に
ボリュームがある

②体力・気力が充実している男性

イラストのように、ふんわり張りのある良い髪で、手のひらの真ん中より生命線がはみ出している方は**パワーがあって行動力があり、エネルギッシュ**な男性です。

『**ボリュームありは体力あり！**』と覚えて下さい。

❤髪が張り出していて丸い弧を描くような力強い線の男性は、どちらかといえばアウトドア派です。食欲も旺盛な方が多いです。あなたが体育会系の男性が好みならおススメです。

張り出しの大きい生命線の男性には

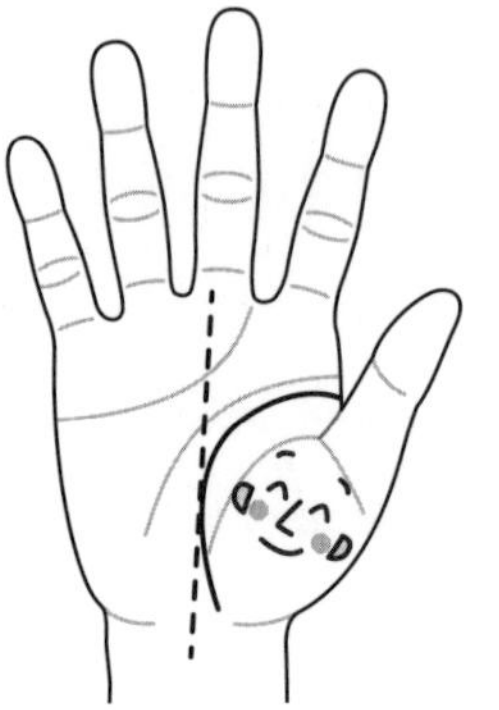

手のひらの
真ん中くらいの生命線

「○○さん、生命線が力強くて張り出しているから**エネルギッシュな方ですね**」
「体力がありますね～いい生命線ですよ」

こんな感じで褒めてあげて下さい。

③平均的な体力の男性

イラストのように生命線が**緩やかなカーブの方は、平均的な体力**の男性です。

『普通のヘアーは無難』と覚えて下さい。

❤エネルギッシュでパワフルな男性はちょっと暑苦しくて苦手、という方は、このような緩やかな曲線の生命線の方を選ぶ方が無難です。線は、はっきり力強い方がいいでしょう。

平均的な曲線の基本は、中指の真ん中から手のひらを半分に分けた場合、真ん中のあたりに生命線の張り出しがあるイメージです。

このような平均的な男性には

「綺麗な曲線の生命線ですね。バランスのいい方ですね」
「いい生命線ですよ、〇〇さん。すべてにバランスがとれている感じ」

こんな感じで褒めてあげて下さい。平均的とか、普通というい方は極力しないほうがよいでしょう。

◆張り出しが少なく、曲線のカーブが少ない男性は、エネルギー不足の方です。性格も内気な方が多いようです。エネルギー不足では運も掴み損ねますから、やはり男性は綺麗な弧を描いた力強い生命線の男性を選ぶのがおススメです。

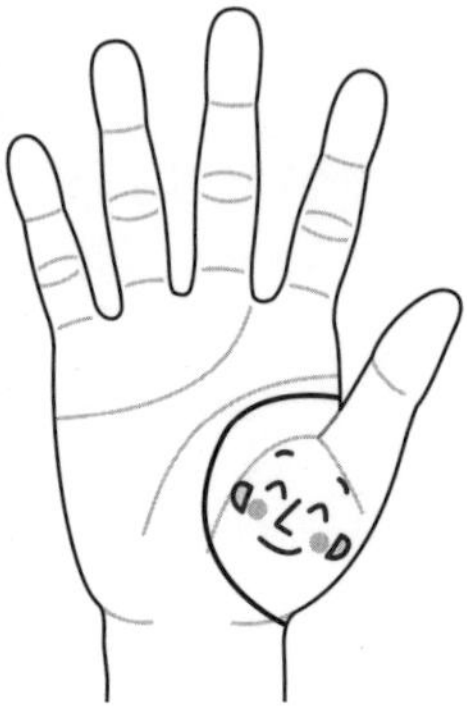

④長生きしそうな男性

イラストのように、**手首まで長く弧を描いている生命線の方は、ズバリ長寿**の方が多いです。線が力強く最後まで伸びていたら、元気で長生き。弱々しく伸びていたら、病気しながらも長生きという感じです。

『**長寿の長髪**』と覚えて下さい。

こんな線の方には

「○○さん長生きできますよ～」

「生命線長いですね！　百二十歳まで生きたりして（笑）」

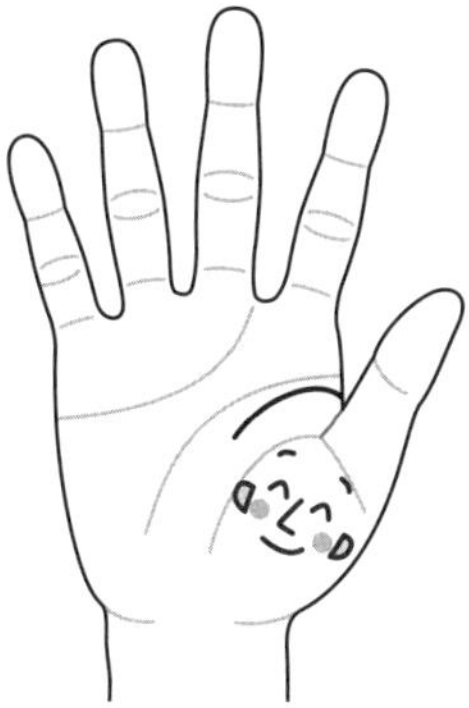

短い生命線

こんな感じで褒めてあげましょう。

❤パートナーに長生きしてほしい方は、手首まで生命線のある男性がおススメです。

⑤短命だと思っている男性

イラストのように、生命線が短い方はどんな方だと思いますか？　手相を知らない方でも、生命線が長いから長生きとか、短いから短命という知識は皆さんご存知だと思います。でも、**生命線が短いから短命ということはありません。**

手相には流年法といって、何歳くらいにどんな状態になるのかを読み取ることができ、生命線の長さが実年齢よりはるかに短い方が沢山います。そして私が鑑定した**短い生命線の方は、実は幸せな方が多い**のです。

生命線が短い理由はいろいろな説がありますが、ある一説によると、おなかの中にいたときにつらい思いをしたことがある赤ちゃんは、生まれる前にすでに人生の業を払っているため、この世に誕生してからは自分の好きなように生きられる。そのため、生命線が短くなることがあるといわれています。というわけで、

『短髪短命はウソ！』と覚えて下さい。

このような方には

「○○さん生命線短いですね〜」

「あら〜短い生命線」

と、まずは言ってください。きっとここまで言ったら

「俺、早死にするの？」

「短命ですかね」

「何歳まで生きられる？」

恐らくこんな反応が返ってくるでしょう。そうしたらにっこり笑って

「いやだ〜○○さん。生命線が短い人は幸せな人生の方が多いんですよ。それに寿命とは関係ないそうです」

「短い人が短命というのは俗説ですよ。それに生命線が短い人は、思い通りの人生を送れるそうです」

こんな感じで褒めてあげましょう。

◆ただし、弱々しくて短い生命線は、体が弱い傾向がありますから、あまりおススメできません。

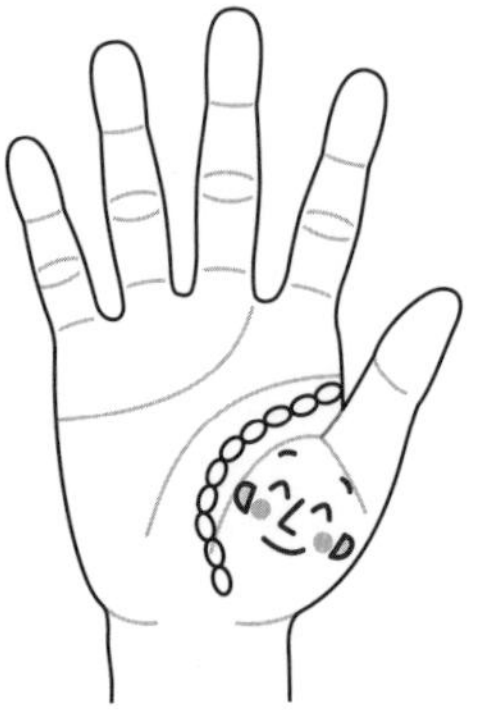

鎖のような
生命線

健康面が少し心配な男性の特徴

次に、健康面が少し気になる男性を紹介します。今までの生活習慣と、今後も今の状況を続けた場合の結果ですから、もし不健康そうな方と出会っても、食生活を改善したり運動をして健康的な生活を送れば、線は変わっていきます。これから説明するような線の男性でも、あなたのアドバイス次第で健康になっていただけますからご安心下さい。

①虚弱体質の男性

イラストを見て下さい。こんな三つ編みのお父さんがいたら気持ち悪いですよね（笑）。このように**生命線が三つ編みや鎖のような線**の方は、比較的、体が弱い人が多いです。少し無理をすると、胃腸に負担がかかります。お父さんの顔の部分の張りがない場合は、なお虚弱体質の方です。言葉は悪いですが、ヤワな男性が多いです。このような生命線の男性は**『三つ編みヤワ男』**と覚えて下さい。

このような方には

「○○さんはナイーブな方ですね」
「○○さんはとってもデリケート」

こんな感じで優しく対応しましょう。間違っても虚弱体質なんて言わないでくださいね。

❤ヤワなタイプでも、あなたの好みの男性なら栄養いっぱいの食事を作って、一緒に体力アップすれば問題はありません。

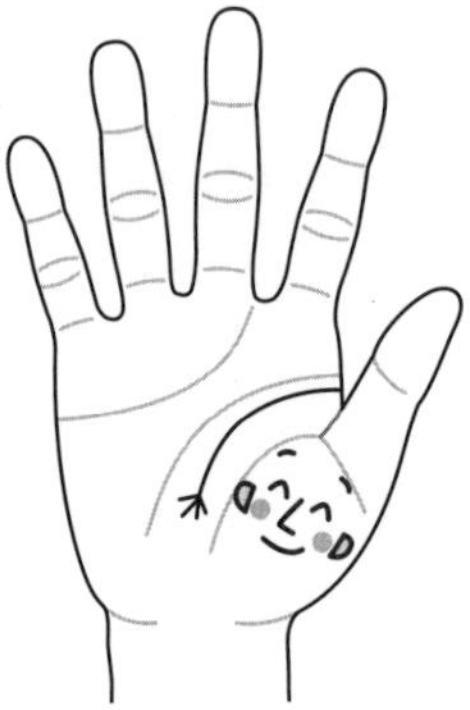

②疲れ、ストレスが溜まっている男性

イラストのように、**生命線の先の部分が荒れ、まるで枝毛のような生命線**の方は、**現在ストレスが溜まり、不規則な生活をしている方**です。線全体が弱々しい方は、かなりお疲れです。

女性でも過労やストレス、食生活が乱れると、髪が痛んで枝毛になりますよね。生命線の先端が枝毛のような男性は、

『**ストレス枝毛男**』と覚えて下さい。

このような方には

「○○さん最近無理していませんか？

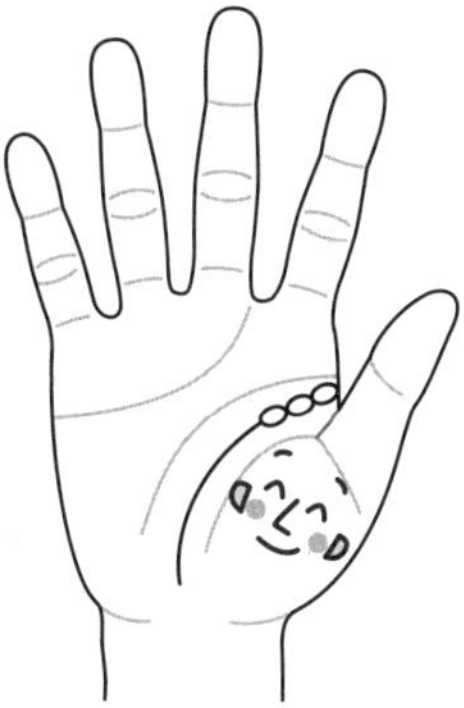

ちゃんと寝ていますか？　頑張りすぎですよ」
「最近いろいろとハードですか？　たまにはパーッとストレス発散してくださいね」

こんな感じで励ましてあげて下さいね。
❤好みの男性なら、「ストレス発散に一緒に出掛けませんか？」と誘うのも手です。

③子供の頃に病気がちだった男性

イラストのように、**生命線の始まり部分が鎖状になっていたり、荒れている**方は、**子供の頃に病気**

がちで喘息やアレルギー体質だった方が多いです。線の始まりだけが荒れていて、それ以降はしっかりした線なら、現在は健康面での問題はないでしょう。しかしこのような男性をパートナーに選ぶ場合は、持病などもチェックした方が安心です。小さい時にモヤシっ子だったと思われる男性は

『はえぎわモヤシ男』と覚えましょう。

こんな方には

「あれ？　もしかして子供の頃、少し体が弱かったですか？」

「○○さん、今はたくましいけど、小さい頃は以外と体の弱いお子さんでしたか？」

◆生命線の始点が荒れている方は、体が弱かったケースのほか、精神的に弱かった、ショックな出来事があったなど、体が弱いことだけが原因ではないことがあります。大人の対応としてはあまり触れない方が無難でしょう。

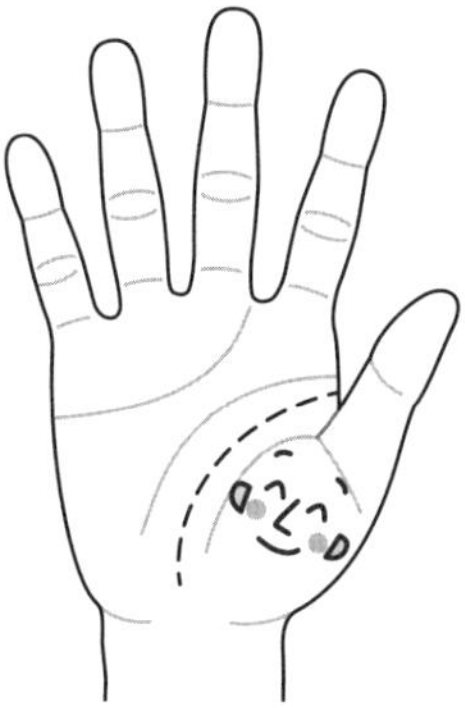

とぎれとぎれの
生命線

④これから病気をしそうな男性

イラストのように、**生命線がとぎれとぎれ**の男性は、これから**病気や不運が訪れる**可能性がありま す。弱々しい生命線で、線がとぎれとぎれの場合は結構心配です。お父さんの顔の部分が薄いと、なお心配です。こんな線は**『切れ毛はアンラッキー』**と覚えましょう。

このような方には優しく

「○○さんには料理上手な女性が合いますよ」

「最近、ハードワークじゃないですか？

無理しないでくださいね」

❤ひ弱そうな生命線の方でも、他の線が良ければ心配はありません。あなたがこのような方をパートナーに選ぶのなら、しっかり栄養管理をして、体力増進できるようにお世話してあげましょう。

「線の色」から男性の健康をチェック

手の線は、濃くはっきりした線がいい線です。女性の場合は濃い線ばかりがいいとは限りませんが、男性はやはり濃い線のほうがいいでしょう。

しかし、濃い線でも色が良くないといい線とはいえません。線の色は爪の色とも意味合いが似ています。

①青白い線の男性

顔色と同じように、**青白い線の男性は体調があまりすぐれない、気力がない**方が多いです。

エネルギー不足で性格も決断力も欠けているのが特徴です。

②赤い線の男性

赤い線の方は気持ちが高まりすぎている方が多いですが、**気力、体力、精力、情熱を持ち合わせています。**しかし、赤すぎるのはそれらすべてが高まりすぎている証拠。**激情型で凶暴性**もあるため、真っ赤な線の方に出会ったら要注意です。

③黄色い線の男性

黄色い線の男性はプライドが高く、少し気難しい方が多いです。また、**アルコールの取り過ぎで肝臓に負担**がかかっている人も黄色くなる場合があります。

④灰色の線の男性

灰色の線の方は、真面目で無口、性格は少し暗い男性が多いです。手のひらまで灰色がかっていたら**執念深く、物欲、独占力も強いようです。**灰色の手のひらの方はあまりいませんが、かかわらない方が無難です。

理想は、**線も爪も手のひらも自然なピンク色。手のひらに艶があれば、なおいい手でしょう。**

Check3

男性の「強運・成功」は、ここをチェック！

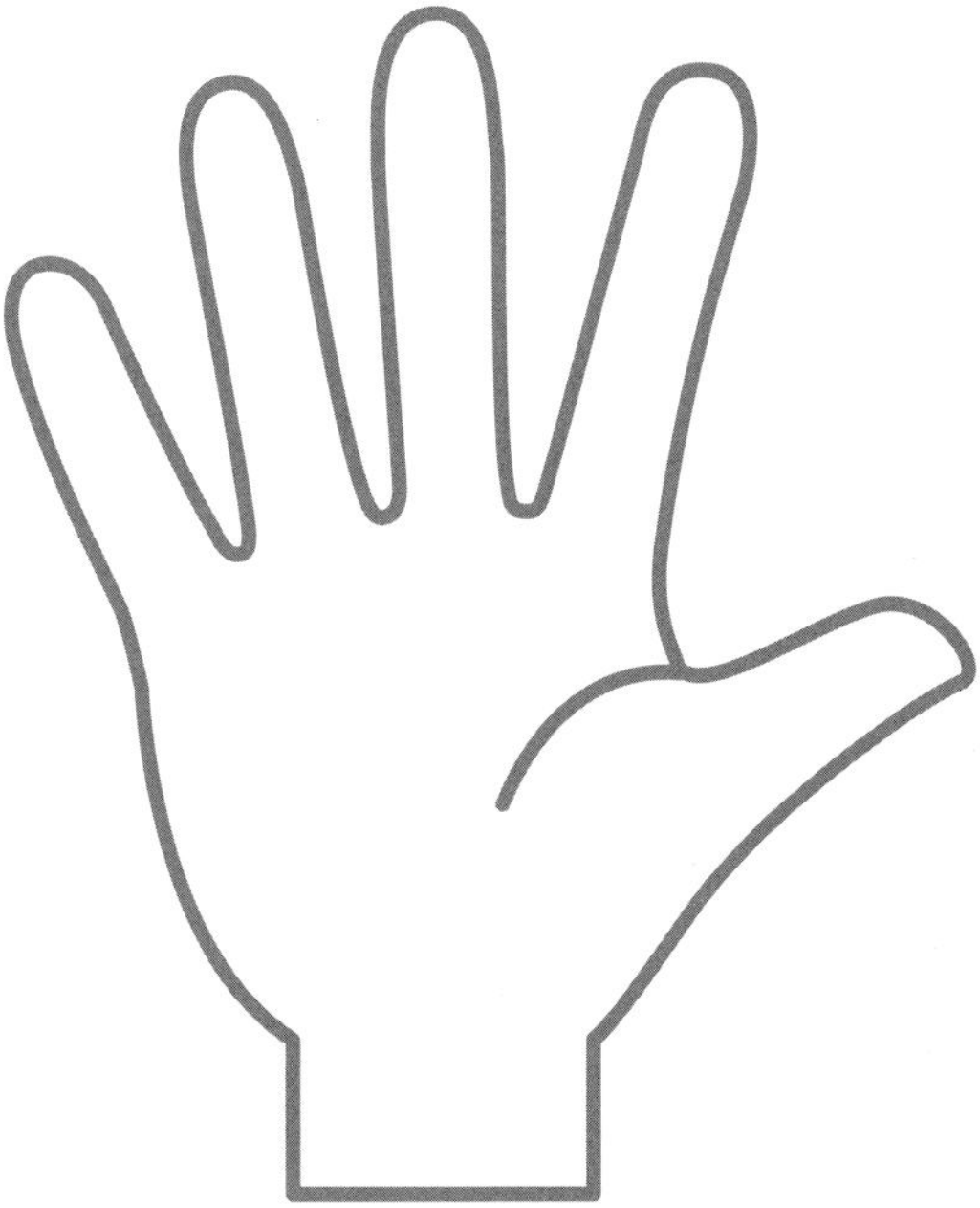

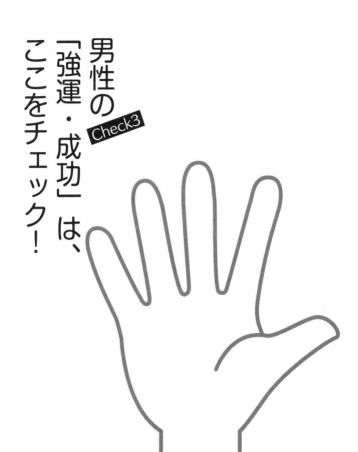

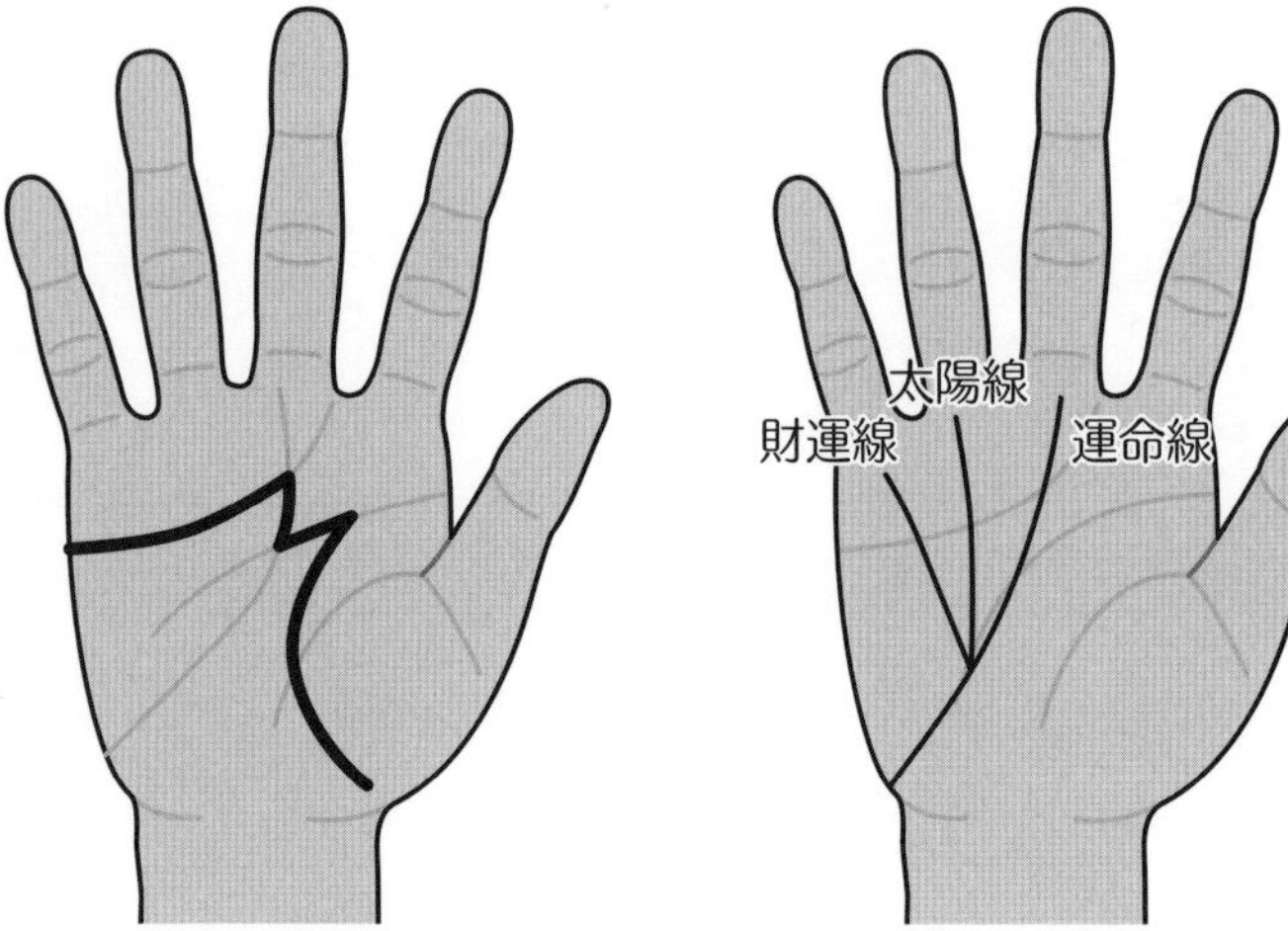

「この手」はねらい目！必ず押さえておきましょう

1 太鼓判！　強運の男性

ここからは、強運の持ち主の男性の特徴をご紹介します。しっかり覚えてくださいね。

手相で強運の線といえば、一番にあげられるのが、**覇王線**です。**三喜紋**、**三奇紋**ともいいます。

イラストのように**中指に向かう線**、**薬指に向かう線**、**小指に向かう線**。この線がある方は、強運と言われています。その他にもイラストのように、手のひらにMが描かれている方も運がいいとされています。
このような三本線がある男性を、

『ラッキー三男』ラッキーミツオと覚えて下さい。

中指に向かう線は**運命線**といいますが、その線から薬指に向かう**太陽線**、小指に向かう**財運線**が三本しっかり出ている手が強運です。薄くても線が出ていたら、今後の**行動、思考**で大成功の見込みは十分あります。

『ラッキー三男』はとにかくおススメです。そんなラッキー三男に出会ったら、こんな感じで褒めまくりましょう。

「ひゃ〜○○さん。めちゃくちゃ強運ですよ。この線、この線、スゴイ！」
「わ〜！　スゴイ！　ラッキーな手ですよ、○○さん」
「これ、手相では最強の手らしいですよ！」

大げさに、大きな声で褒めてください。

❤アピール例

「ラッキーを分けて〜♡」

こんな風に言って**握手をしてしまう**のもいいかもしれません。その男性があなたのお付き合いしたい方なら、グイグイ行きましょう。

「ラッキーな人と食事をすると、幸運が伝染するんですって。今度、ご一緒していただけませんか？」

あなたに、勇気があるならこれくらい攻めましょう。**三本の線をなぞりながら、**かわいく言ってください。当たって砕けろ、ダメ元です。

ちなみに、運のいい人と仲良くすれば開運して、不運な人といつもいたら運気は落ちます。

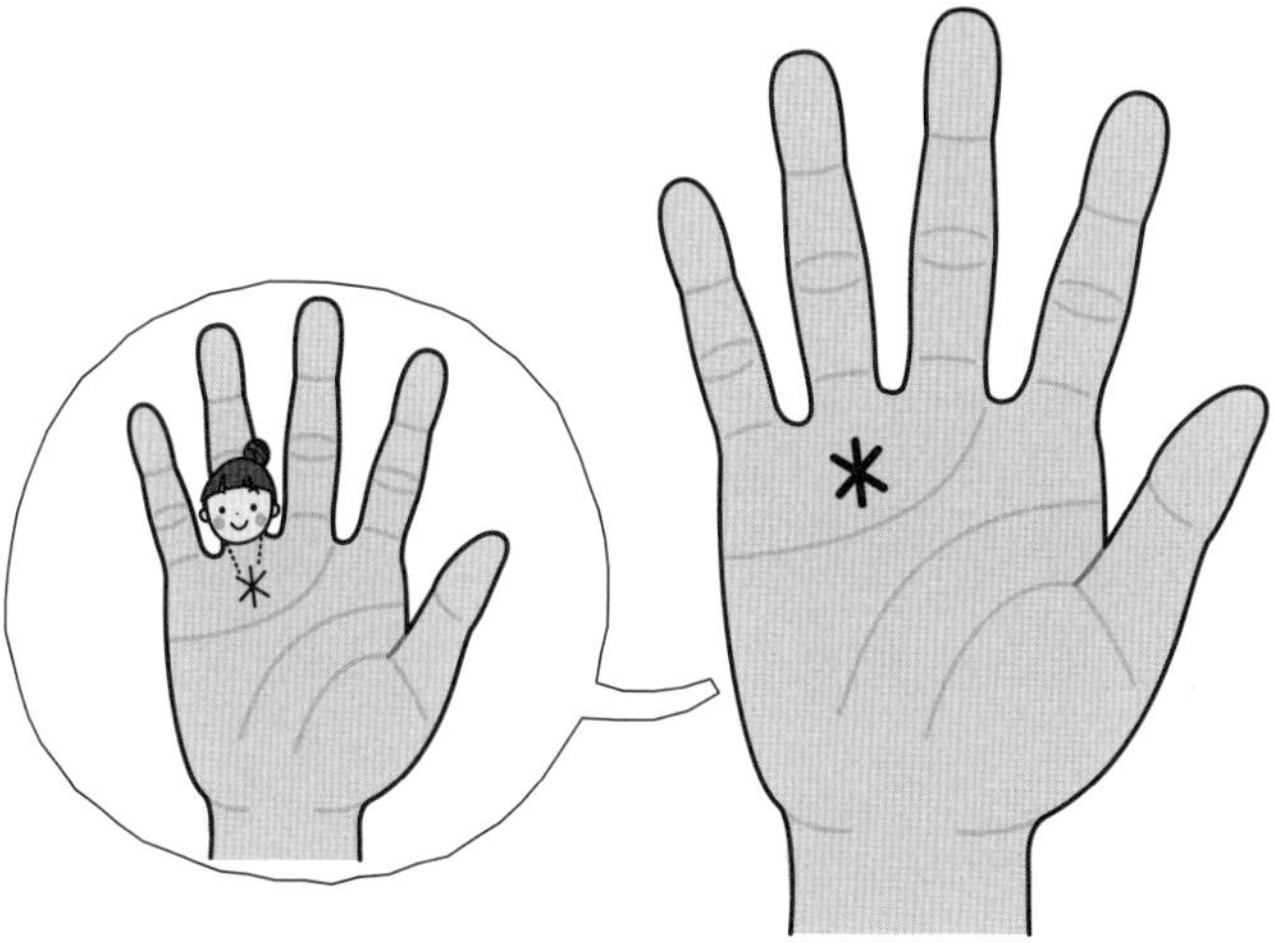

2 かなり強運な男性

お姉さん指（薬指）の下に＊こんなマーク、手相では星・スターなどといいますが、三本以上の線が重なってできているマークがある方もかなりの強運、ラッキーな男性です。

　イラストのようにお姉さんのダイヤのネックレスをイメージして下さい。このマークのある男性なら、こんなダイヤを贈ってくれるかもしれませんよ。

『**お姉さんのダイヤモンド**』と覚えて下さい。

　マークはあまり大きくなく、**力強く刻まれている**のが理想です。こんなマークのある方に出会ったら

「○○さんすごい！　ラッキーマークがありますよ」

「これ、これ～ラッキーマーク！　すごく珍しいんですよ」

❤アピール例
＊マークをクリクリと指で回しながらさわりましょう。
「いいですね～、こんなマークが出ていて。○○さんの彼女がうらやましいな」

「○○さんといたら幸せになれるからいいな～」


とにかくかわいく、**好意がある事をアピール**しましょう。この場所にこのマークがある方は、あまりいません。また、マークは**出ていても薄くなって、消える**こともあります。ですから、マークがある方にはこのように言ってみましょう。

「このマークは最高のラッキーマークだけど、薄くなったり消えたりするんです。このマークがはっきり出ている時は、運がいい時。そしてこの時期に出会う女性とお付き合いするのがラッキーポイントですよ♡」

多少大げさな事を言って、相手にあなたをアピールしちゃいましょう。

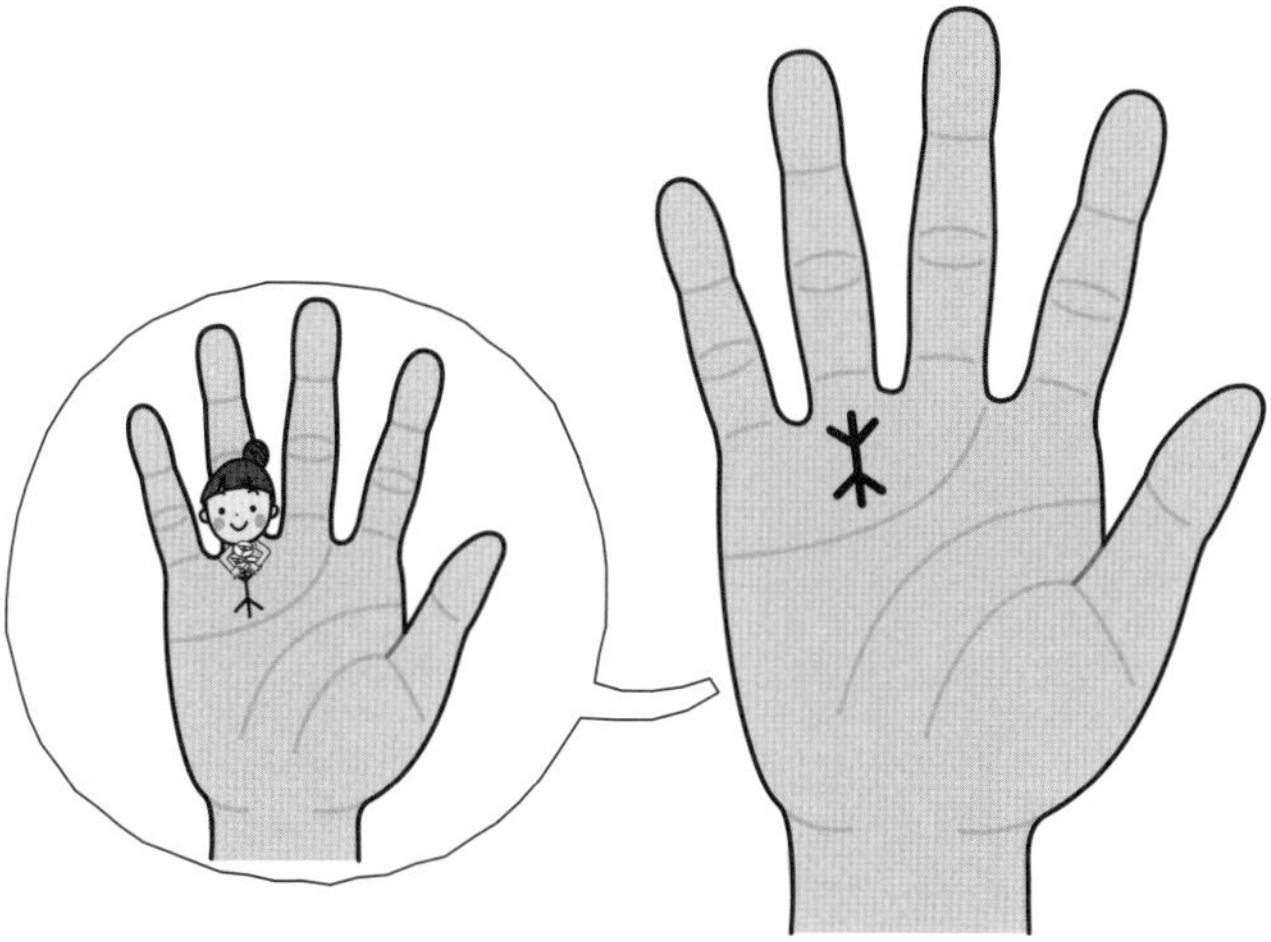

3 出世する可能性がある男性

イラストのように、お姉さん指（薬指）の下の線を**太陽線といいます。綺麗で明るいお姉さん指の場所にあるから太陽線。この太陽線が上下枝分かれした男性は、今まで積み上げてきた事、努力してきた事が実を結ぶ人**です。努力して根を張り、茎が伸び、枝分かれしてやがて花が咲く。しっかり基礎ができた上で成功する人です。お姉さん指の下ですから、お姉さんが花束を持っているイメージです。努力して成功する人ですから、先ほどのダイヤモンドよりも堅実に花束を贈ってくれるような男性です。

『お姉さんの花束』と覚えて下さい。このマークが出ている男性に出会ったら、こんな風に褒めましょう。

「○○さんは努力家ですね。地固めされた本物の成功を手にできる方です」

「今、成功を実感していますか？　まだだったらもうすぐ実感できますよ」

「○○さんが努力してきた事が、もうすぐ花開く時ですよ」

❤アピール例

線を指で優しくなぞりましょう。

「頑張ってこられたんですね～」

「私、○○さんがどう飛躍されるか楽しみだわ」

「陰で努力する男性はステキ♡」

頑張ってきたことを労い、私はあなたの未来に興味があるということを言葉に出しましょう。指で線をなぞる仕草はかなり接近する行為です。上目使いでかわいくアピールしましょう。

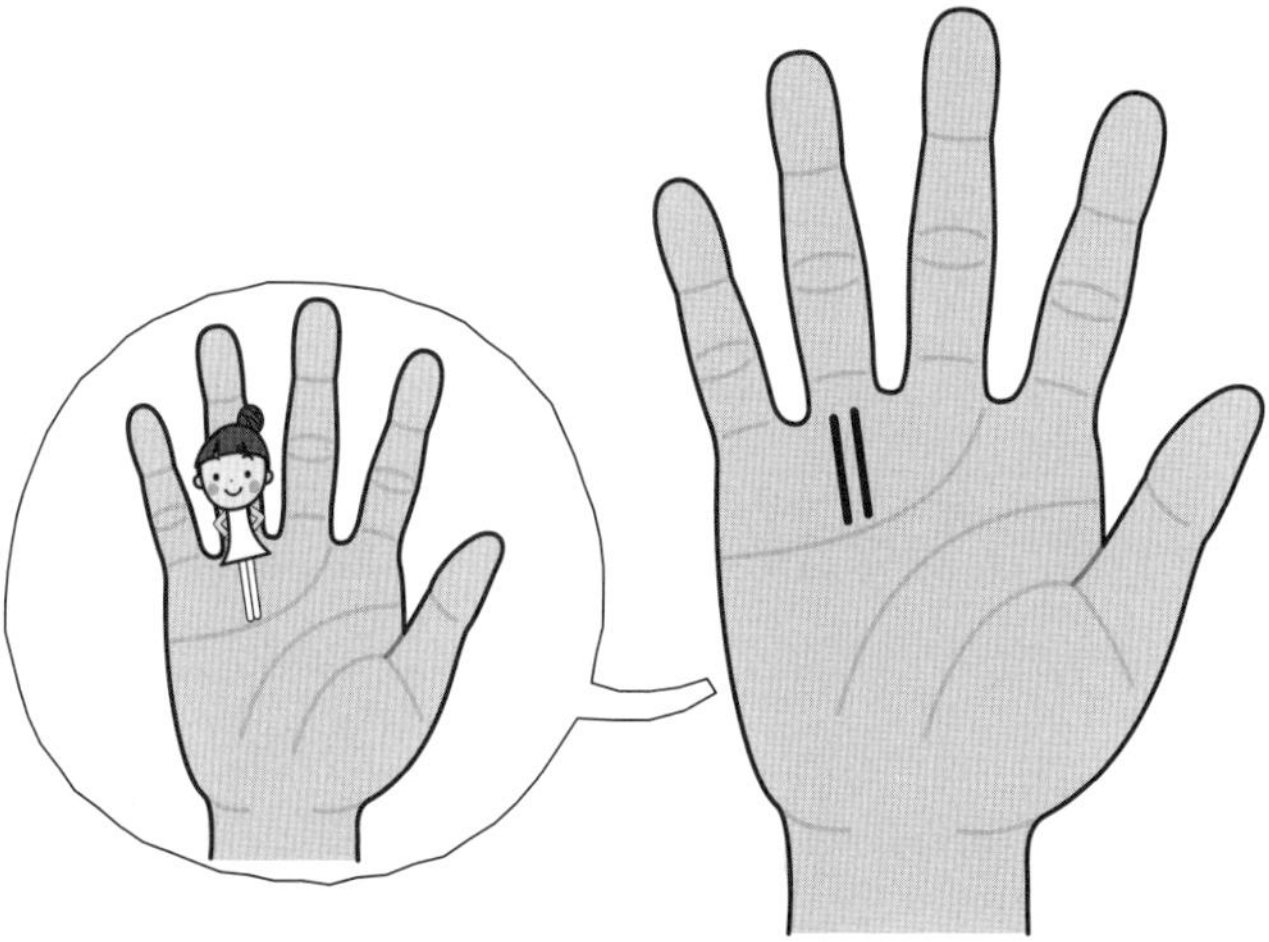

4 二つ以上の仕事をしそうな男性

イラストのように、薬指の下に**はっきりとした二本の太陽線がある方は、二つ仕事を持ったり、仕事と趣味で収入源が二か所ある方です。**幸せも2倍の方です。

お姉さん指の下に二本の線だから、綺麗なお姉さんの脚をイメージして下さい。こじつけですが、綺麗な顔に綺麗な脚を持っているということは、モテモテで、本業以外の収入源が2つあるでしょう。

二本の太陽線は、『**お姉さんの脚**』と覚えて下さい。このような方には、

「〇〇さん二つお仕事をされていますか？　まだでしたらもう一つ収入源を持つとさらに成功しそうですよ！」

「〇〇さんここに二本線があるから、幸せは二倍ですよ」

❤アピール例

二本の線を指で優しくなぞりましょう。

「二つの才能があるなんて素敵！」

「〇〇さん、多才な方ですもんね〜」

趣味を聞き出し、教えていただきたい、ご一緒したいと自分をアピールしましょう。男性は教えてほしいという言葉に弱いものです。男性の趣味がスポーツなら、なおチャンスです。

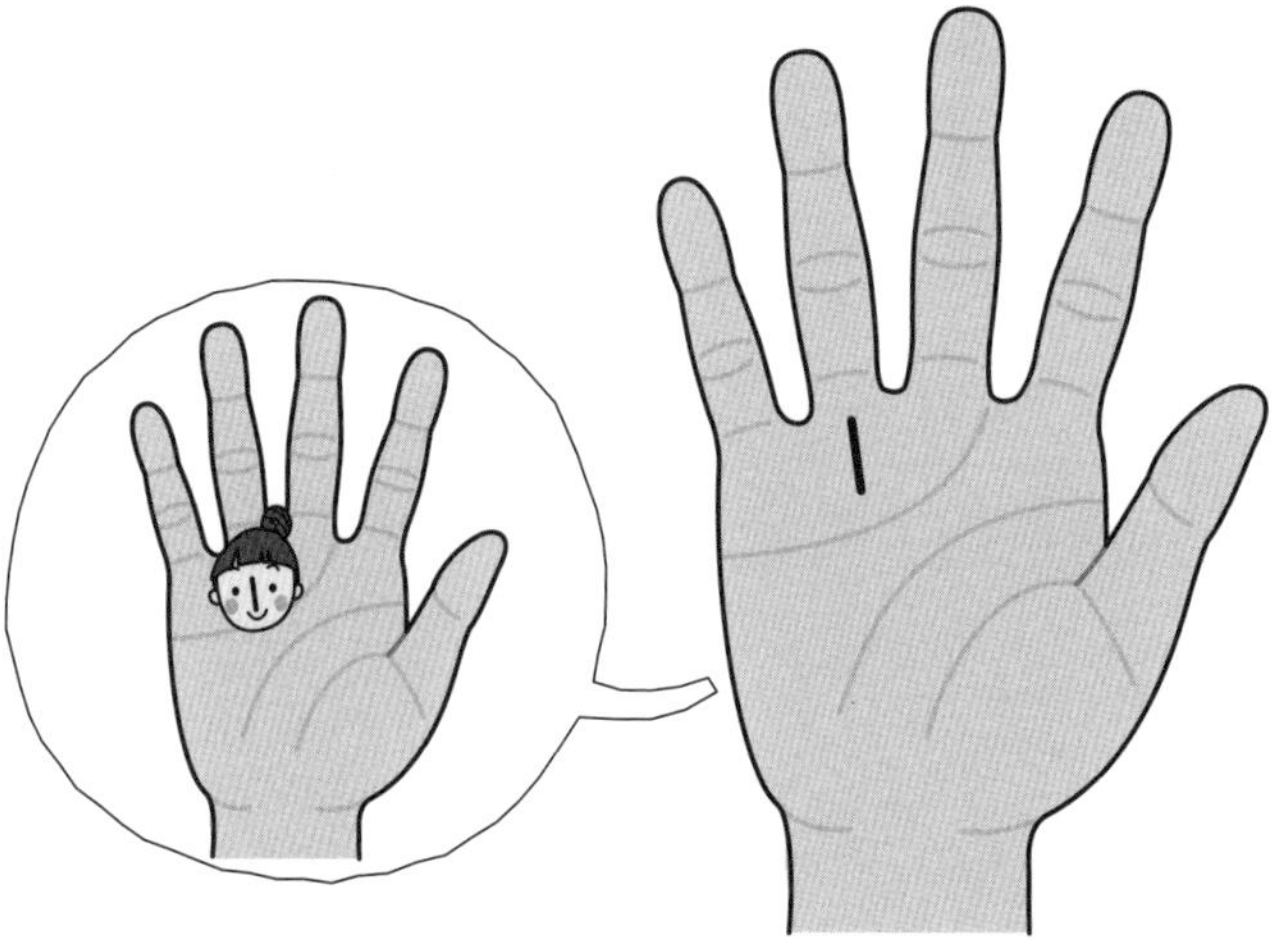

5 努力して成功しそうな男性

イラストのように、**薬指の下にはっきりした線があれば、成功する可能性がある**男性です。

鼻筋の通ったお姉さんの顔をイメージして下さい。地味な顔立ちでも鼻筋が通っていれば、メイクやヘアスタイルで華やかに変われる可能性があります。努力すれば綺麗なお姉さんになれます。

薬指の下に線があったら『**お姉さんの鼻筋**』と覚えて下さい。このような方には

「○○さん、ここに線が出ているからラッキーなんですよ」

「あ～、この線、これから成功する兆しの線ですよ」

❤アピール例

線を優しく指でなぞりましょう。

「○○さんが思う成功って何ですか？」

「○○さんの夢は何ですか？」

「○○さんにとっての幸せは何ですか？」

こんな質問をして、どんな答えでも**ステキですね～**と大げさに言いましょう。男性は、女性から夢や目標を聞かれるのはうれしいそうです。そしてその内容にステキと言われれば、あなたに好感を持ちます。あなたがその男性とお付き合いしたいなら

「私、○○さんの夢、応援しま～す」

「私の夢も○○さんと同じ～」

こんなふうにかわいく言いましょう。

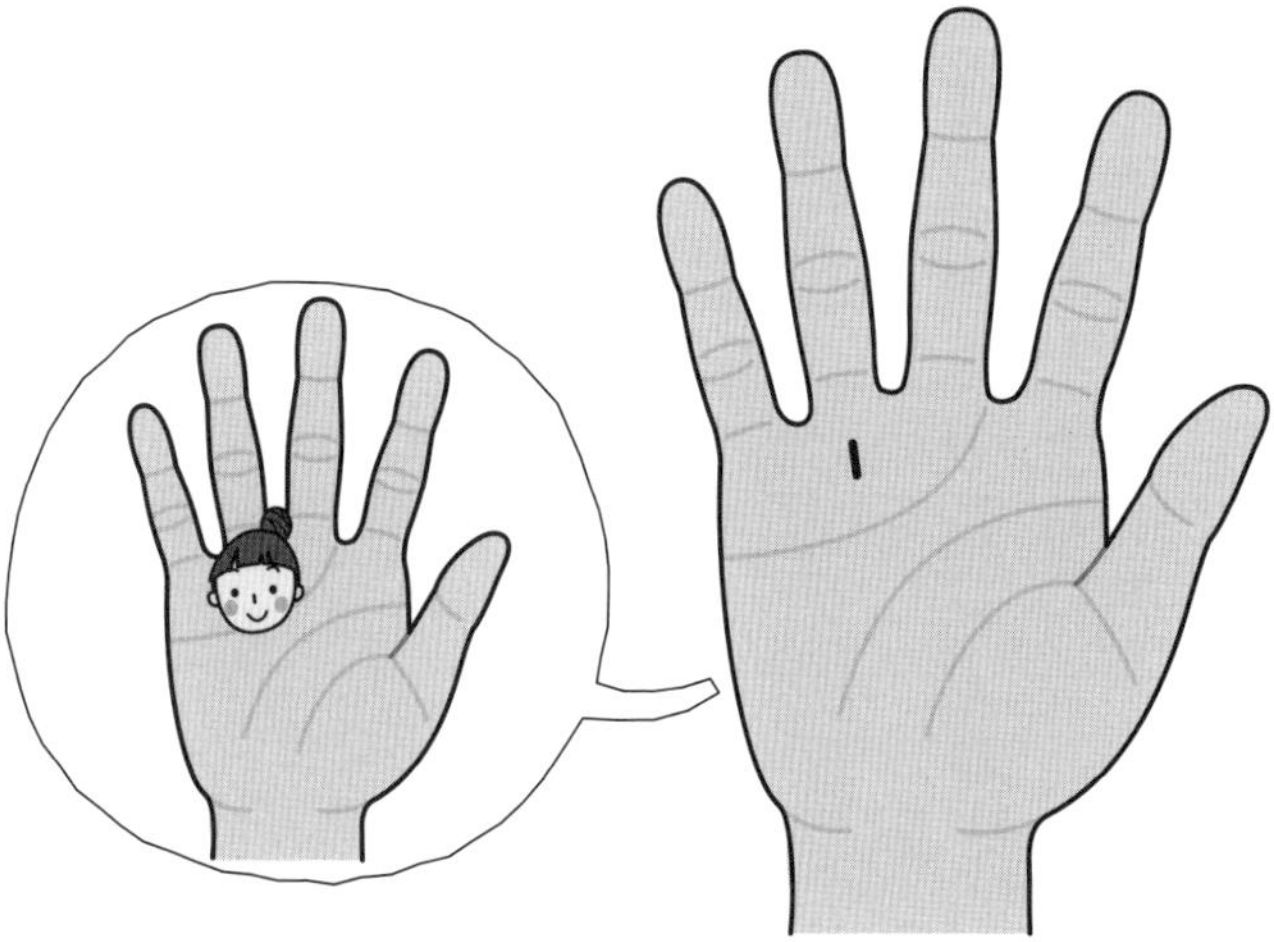

6 今は成功の兆しが見えないが、将来化ける可能性がある男性

イラストのように、薬指の下に**短い線がはっきり出ていたら、将来有望で、大成功する可能性がある**男性です。けれども今はあまり努力していない人が多いです。それは、**どう努力したらいいのか、方法が分からない**からかも知れません。

鼻筋の短いお姉さんが将来どのように成長するかは未知ですが、今は若さでかわいいと言われ、満足して大人の女性になる努力をしていません。ただのキレイなお姉さんで終わるか、絶世の美女になるかは本人の努力次第。そんなお姉さんをイメージをしながら、薬指の下に短い線があったら『**童顔のお姉**

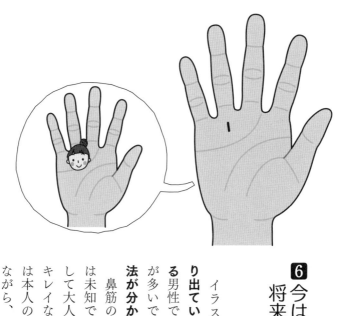

さん』と覚えて下さい。このような方には
「○○さん、少し思考を変えるだけで大成功しますよ」

「○○さん！　行動パターンを変えると、開運するようですよ」

思考と行動を変えましょうと言いきってしまうと、全否定されたような気分になり、男性のプライドを傷つけます。ですからアドバイスをするときは、必ずどちらかだけを言うようにしましょう。

❤アピール例
線を伸ばすように優しく、爪でなぞりましょう。

そして、男性が何をどう変えたらいいのか聞いてきたら、

「ごめんなさい、勉強不足でそこまでは分からないけれど、○○さんが困っていることや悩み事があれば聞きますよ」

男性が仕事や私生活の話を始めたら、チャンスです。目を見て親身に、真剣に男性の話を聞きましょう。くれぐれも途中で口を挟んだり、私も！　私も！　と言わないようにしまし

ょう。優しくうなずき、『そうなんですか、へ～、ま～、大変』くらいに抑えておきましょう。あなたが答える言葉は、相手を褒めたうえでの簡単なアドバイス。偉そうな事を言ってはダメです。そして、今度ゆっくりお話ししませんか？　と誘ってみましょう。次に二人で会う口実ができます。

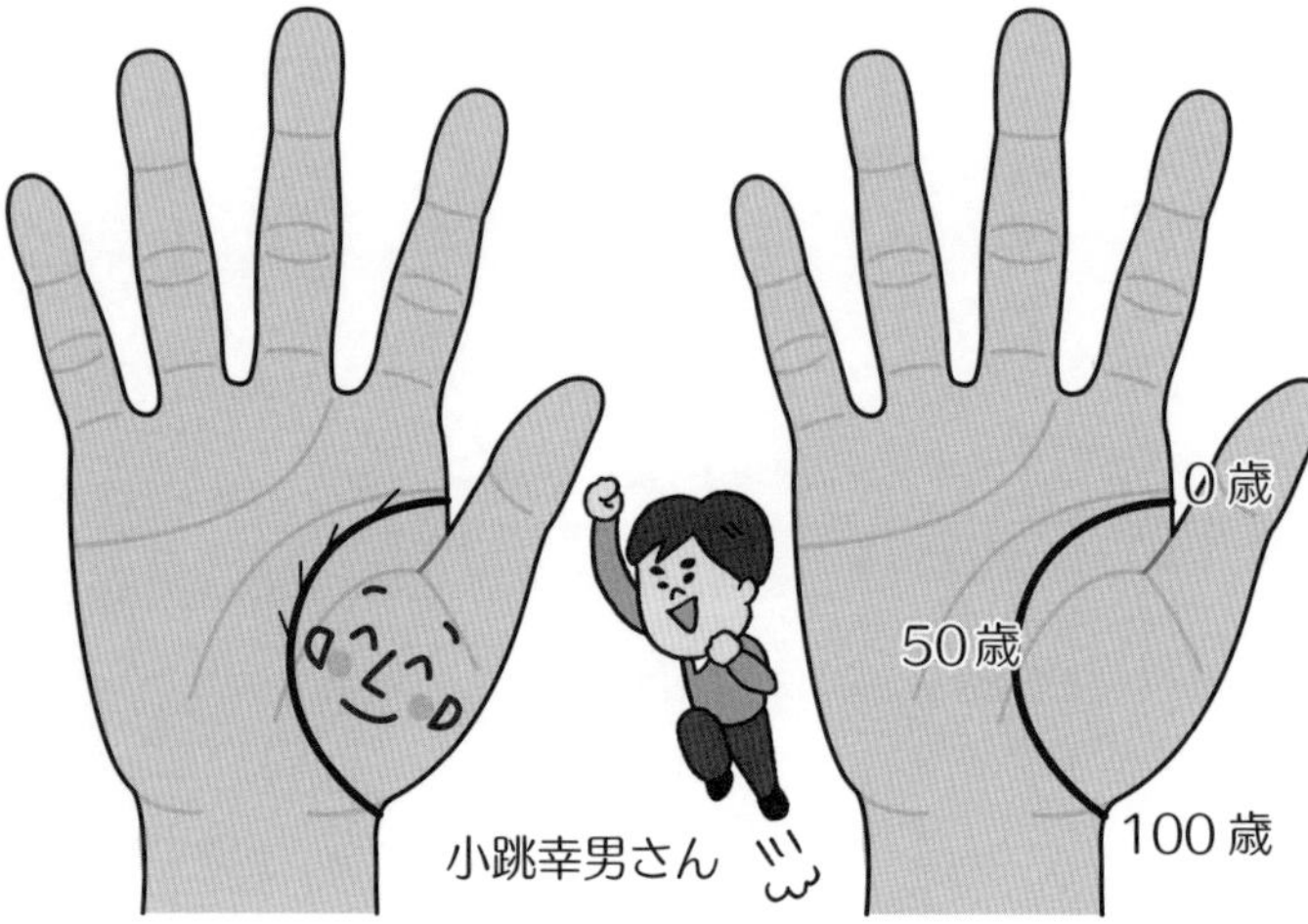

成功しそうな時期と内容を見る

1 小さな喜びが沢山訪れる男性

Check2　**男性の「人生と健康」はここをチェック！**　で覚えていただいた**生命線。**ここでもイラストのように、生命線をお父さんの髪に例えて覚えて下さい。

手相には流年法というものがあります。この流年法にもいろいろな読み取り方があり、パッと見て年齢が分かるようになるには、相当な経験を積まないといけません。しかし本書は手相を覚えていただく

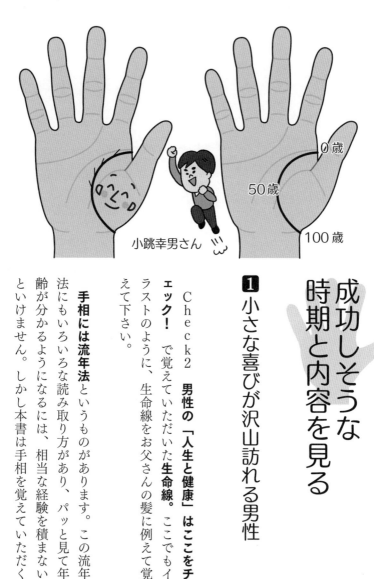

ものではありませんから、簡単に説明します。

まず、イラストのように**お父さんの髪の生え際が0歳**です。そして**毛先を百歳**として、**真ん中あたりを五十歳**と覚えましょう。これは大体でOKです。ザックリと若い頃、中年、老後程度が分かれば問題ありません。

イラストのようにお父さんの髪の毛が小さくハネているのは、**開運線といい、成功、幸運が訪れる時**です。沢山ハネていたらそれだけ幸運が訪れるという事です。

小さく跳ねる幸運の男性は、『**小跳幸男（こはねさちお）さん**』と覚えましょう。このような方には

「○○さん、この跳ね上がる線は幸運のサインですよ。あっ、ここにも。あっ、こっちにもありますよ」

「あら～！　開運線がここにありますよ！」

❤アピール例
ハネている線を優しく爪でさわって下さい。
幸運のサイン、開運線と言えば、男性はその幸運がいつ頃訪れるのかを聞いてきます。そ

の場合、線がどう見てもその男性の年齢より若いところにあっても、

「きっともうすぐですよ」

と言ってあげましょう。どんな小さなことでも幸運と思えばそれは幸運。もうすぐいいことがあると思えば、人は小さな幸せも幸運に感じられます。

沢山ハネている線がある方には、

「わ〜ここにも、ここにも、開運、幸運、ラッキーがいっぱい！　○○さん、これからいいことがいっぱい起きますよ！」

幸運の線はみんな出ているんじゃないの？　と思う男性もいるかもしれませんが、生命線からの開運線が一つも出ていない方は沢山います。ですから自信を持って、あなたはラッキーだと言ってあげて下さい。

あなたが好意を寄せる男性なら、

「この開運線はもしかしたら結婚かなっ♡」

こんなふうにチラッと上目使いで言って相手を見てみましょう。あなたの事が気になっていたら、きっと表情が変わると思います。

2 努力して大成功する可能性がある男性

イラストのようにお父さんの髪（生命線）が途中で**大きくハネているのは、大成功の可能性**です。この線は本人の努力により、夢が実現できる成功の線です。

手相ではこの線が向かう方向で、**努力線、向上線**などと呼ばれ、それぞれ意味があります。

「手のひらの膨らみ」で性格や運気が分かる――6つのタイプで覚えたそれぞれの指の下の意味を思い

出して下さい。

ハネている方向が人差し指に向かっていたら、人差し指はお母さん指『**お母さんは威張りんぼう**』**と覚えましたね。この場所は野心、向上心の場所ですから、地位や立場が上がる、出世するなどの成功**を現します。

中指に向かっていたら、中指はお兄さん指『**お兄さんは努力家**』。この場所は、**忍耐、努力、探求心、研究心、思慮深さ**の場所ですから、努力が報われる。

薬指に向かっていたら、薬指はお姉さん指『**お姉さんは人気者**』。この場所は**魅力、成功、人気、知性、芸術、金運**の場所ですから、本人の努力により富や名声を手に入れる事ができる。

小指に向かっていたら、小指は赤ちゃん指『**赤ちゃんは金太郎**』。この場所は、**金運、コミュニケーション、子孫繁栄、商才**の場所ですから、男性の場合、事業が発展する、大金を得る事ができる。

ハネている方向の意味は、ひとまず知識として覚えておいた方がいいかもしれませんが、慣れるまではとにかく、大きくハネ上がる線が大成功の証し程度に覚えてください。

この大きくハネ上がる男性を、『**大跳幸男（おおはねさちお）さん**』と覚えましょう。このような方には

「○○さんすごーい！　大成功の線が出ていますよ！」

「これこれ！　すごくいい線ですよ。○○さんの努力によって大成功する線です」

❤アピール例

ハネ上がっている線を指でなぞりましょう。もし余裕があれば、なぞりながらその先端はどの指に向かっているのか、指の根本までたどりましょう。そこで、先ほど説明したそれぞれの指の下の意味を思い出しながら

「このハネ上がっている線は、○○指に向かっているから○○で成功するという意味ですよ」

大きくハネ上がる線が二本ある場合や、小さくハネ上がる線がいくつかあるなど、線が複数出ていたら大げさに

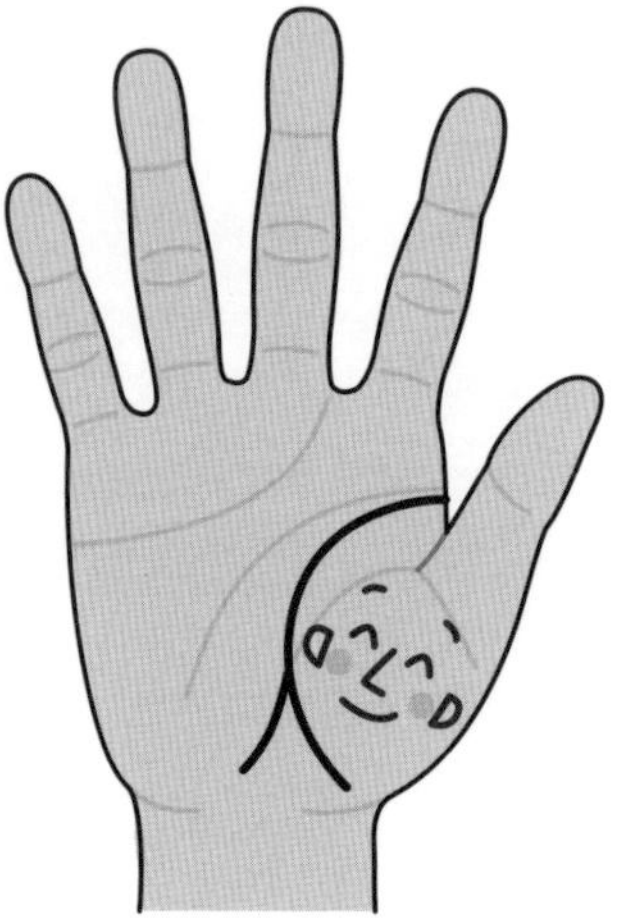

「わ〜、○○さん。開運、開運、大成功！
開運、成功、すご〜い」

すごい、すごいと連呼しましょう。この言葉を言うと必ず男性はご機嫌になります。そこから話を広げていけば、大抵のことはうまくいきます。

3 海外に進出する可能性がある男性

イラストのように、お父さんの髪（生命線）が下の方で大きく枝分かれして外にはねている男性は、故郷を離れる可能性があったり、海外に縁がある方が多いです。

こんな男性を見つけたら、『**外流海男（そとながれうみお）さん**』と覚えましょう。外に流れる線で

海外に行く男性をイメージして下さい。このような方には

「○○さん、活躍がどんどん広がって、海外進出しちゃうかも～スゴイ！」

「○○さんは海外にご縁がありますよ」

❤アピール例

生命線から流れる線をなぞりながら、話しましょう。

「○○さんは今まで海外には行かれたことがありますか？」

「○○さんはどこの国に行ってみたいですか？」

こんな感じで質問しましょう。あなたが行ったことがある国なら、共通の話題で話を広げて、もし行ったことがない国なら、『私も行ってみたいと思っていました』と賛同しましょう。

「○○さん、英語は話せますか？」

こう質問すると、話せる人以外は、『単語程度だよ』とか、『聞き取れるけど、なかなかスラスラ出てこないね』と答える人が多いと思います。そう返事が返ってきたら、

「私なんて全然話せないから、○○さんと海外に行けたら心強いのにな～」などといいましょう。

男性は頼られると弱いですから、甘えられて気を悪くする人はいないはずです。『今度連れ

て行ってほしいな〜』くらい言ってしまいましょう。

4 親から財産がもらえる可能性のある男性

イラストのように、お父さんの髪の（生命線）**下の方の内側から小指に向かって線が上がっている方は、親から財産を引き継ぐ可能性があります。**

❷努力して、大成功する可能性のある男性で覚えていただいた、大きくハネ上がる線は、自分の努力による成功ですが、この線との違いは棚ぼた式という点です。しかし、財産といえども莫大な財産とは限りません。その男性が資産家の息子なのか、少しの遺産をもらえるだけなのかは不明です。

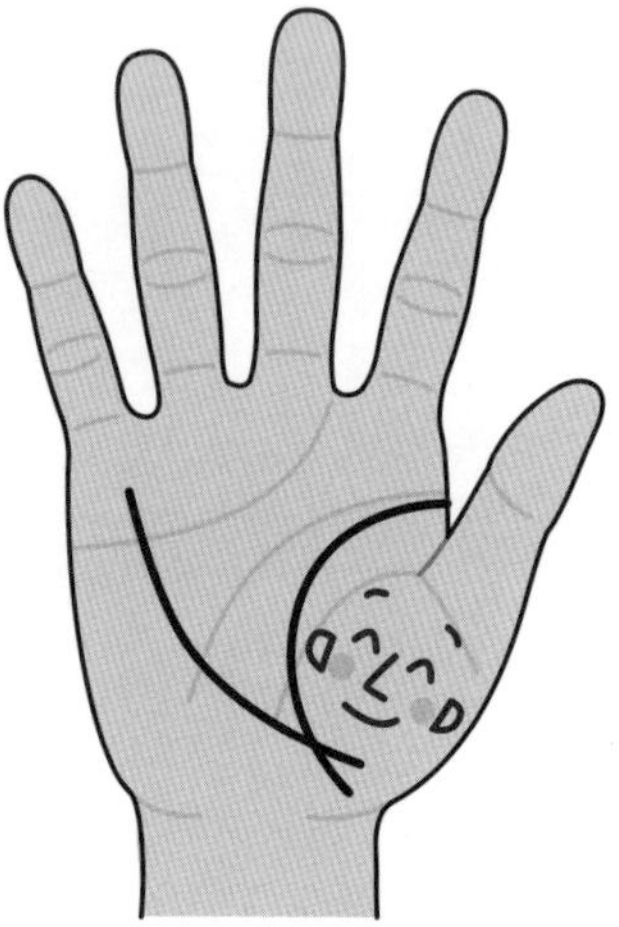

この線がある男性は**『棚ボタ男（たなぼたお）さん』**と覚えましょう。このような方には

「○○さん、将来はご両親から財産を引き継ぎますよ」

「○○さん、将来は自然とまとまったお金が入りますよ」

❤アピール例

生命線から上がる線をなぞりながら話しましょう。今回は財産という内容ですから、注意が必要です。露骨に話すと財産目当てと思われるので、もしも相手の男性が資産家なら、なおさら言葉を選びましょう。

「私の父はサラリーマンで、家も小さいから財産もないけれど、○○さんはたくさん引き継ぐと手相に出ていますよ」

まずは自分の事を話し、そのあとに

「○○さんのご両親はもしかしたら資産家ですか？」

と、思い切って聞いてしまうのもいいかもしれません。もしも男性が財産はないと言ったら、

この線は自分の努力で入るお金ではないから、将来宝くじが当たるのかも!? などと言ってごまかしましょう。反対に、自分はこんなに土地を持っているとか自慢が始まる男性もいます。そんな男性でも、あなたの好みの男性なら『スゴイ! スゴイ!』とおだてて話を聞いてあげましょう。

Check4

男性の「金運」は、ここをチェック！

お金を引き寄せる男性

ここからは男性の金運です。金運のない男性より、やはり金運のいい男性がいいですよね。この線は覚えやすいので、しっかりチェックして下さい。

「手のひらの膨らみ」で性格や運気が分かる——6つのタイプで、金運の場所はどこだったか覚えていますか?

『赤ちゃんは金太郎』で覚えた**小指の下**です。この小指の下に縦に出るのが金運の線、**財運線**です。この線が**はっきり長く出ている人は金運が良い**方です。

赤ちゃん指の下に出る線なので、哺乳瓶をイメージして下さい。

赤ちゃんが大好きなミルクが**沢山入る長い哺乳瓶があるか、小さいけれど赤ちゃんが飲みやすい哺乳瓶なのか。もしくは哺乳瓶がないか、薄い瓶か、あるいは哺乳瓶が二本あるか、など、財運線を哺乳瓶に例えて説明していきます。**

1 人並み以上の生活ができそうな男性

イラストのように、**小指の下にはっきりした長い財運線がある方は金運のとてもいい方**です。**小指は金運、コミュニケーションの場所**ですから、長くてしっかりした小指は金運がいいでしょう。

イラストのように、大きな赤ちゃんとしっかりした哺乳瓶をイメージして覚えてください。このような指と線の男性と結婚すれば、あなたが無駄遣いをしない限り、人並み以上の生活が送れそうです。

2 今の収入に取りあえず満足している男性

次に、金運のいい男性は短い財運線の方。**短くてもはっきりした線なら金運はいい**でしょう。**短い財運線の方は、ほどほどの蓄えがある方です。冒険はせず、今の収入に満足してコツコツ貯金するような堅実家です。**

3 まだまだもっと稼ぎたいと思っている男性

小指の下に縦の線が出ていない方もいます。**出ていない方は、金運がまるでないという訳ではありません。また、蓄えが沢山あっても出ていない**方もいます。**お金に対する執着が低い**方や、元々**お金持ち**で、お金を頑張って稼ぐ必要がない方は線が出ていないことがあります。

そのほか、貯蓄があっても現状に満足せず、まだまだ稼ぎたいと思っている方は、財運線が薄いという特徴があります。

4 複数から収入がある男性

イラストのように、**二本、三本とはっきりした財運線がある男性は、本業の他に収入源がある、**または持てるという意味です。

イラストのように、赤ちゃんがミルクと白湯を二本の哺乳瓶で飲むイメージです。丈夫な赤ちゃんならもう一本、果汁が入った哺乳瓶を増やしても大丈夫でしょう。しかし白湯や果汁を飲み過ぎると、大切なミルクの摂取量が減ります。収入減を増やしすぎると、本業がおろそかになって本末転倒になる。そんなイメージで覚えて下さい。

今は金運がない男性

金運がない男性とはいっても、今現在の話ですから、この先の行動や努力により、好転する可能性はあります。ですから、このような男性でもがっかりしないで下さい。あなたが好意を寄せる男性なら、上手にアドバイスしてあげて下さい。

1 無駄遣いが多い男性

イラストのように、**細かい財運線が多数ある方は、財布のひもがゆるいタイプです。**また、一本の財運線が**切れ切れになっていたら、金運が安定していない状態**です。

イラストのように、沢山哺乳瓶があっても、数が多すぎると赤ちゃんがどれだけミルクを

飲んだのか把握できなくなります。残したり、無駄が生じるイメージ。これはお金遣いが荒い人の典型です。

★アドバイス例

「あ～○○さん、最近無駄遣いしていませんか？　ダメですよ♡」

無駄遣いする人は、その習慣がなかなか直りません。しかし、あなたに好意があれば少しは控えてくれる可能性はあるので、無駄遣いさせないよう、上手にアドバイスすることが大切です。

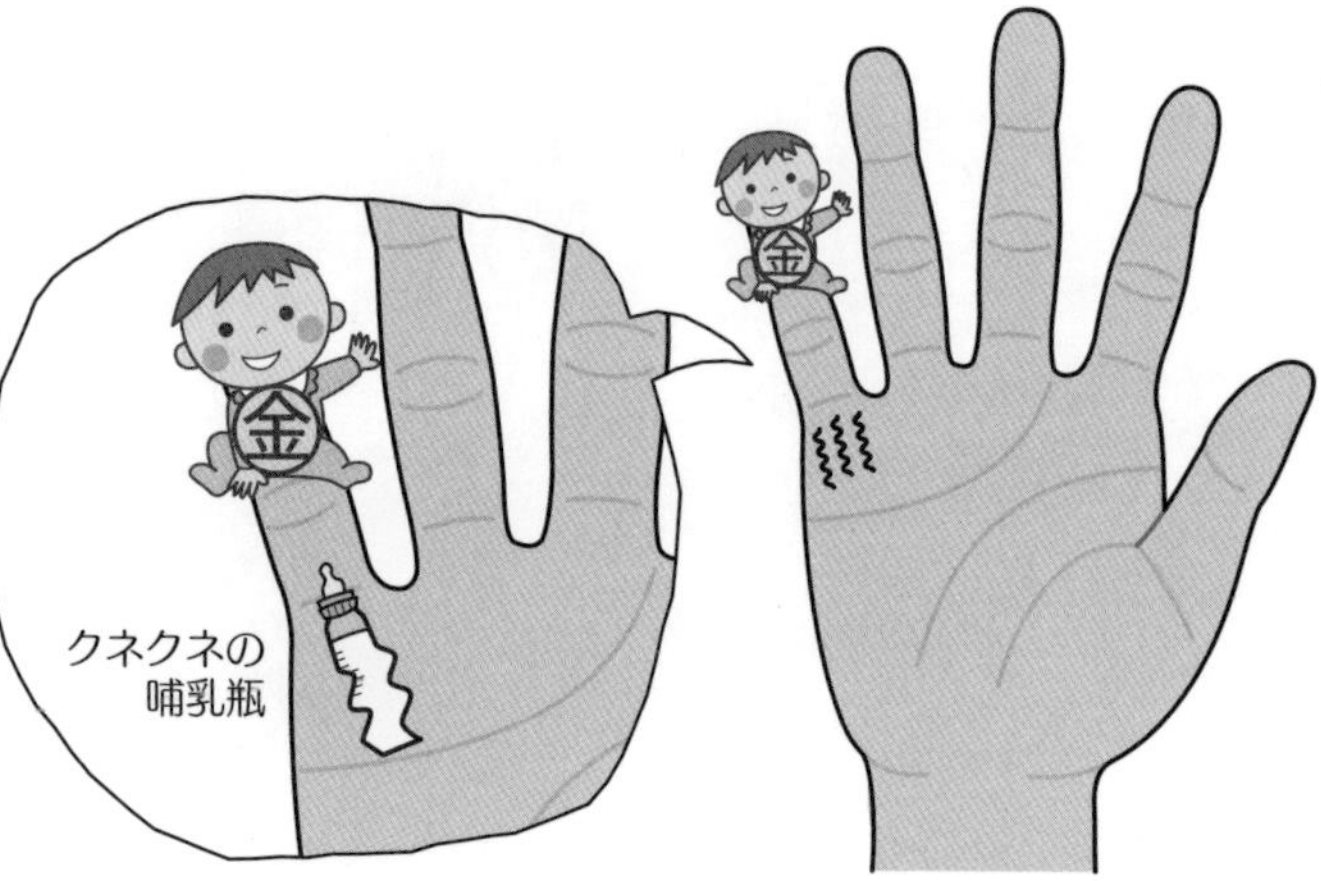

②今後収入がダウンしそうな男性

これから**収入が下降しそうな男性**なんてかわいそうですね。その男性とは、イラストのように**財運線がくねくねになっている方。**

イラストのように、くねくねした形の哺乳瓶でミルクをあげたら、赤ちゃんはスムーズにミルクを飲むことができないですよね。

これは、お金の流れがスムーズではなくなっている証拠。**人間関係のトラブルが多く、お金で損**をしたり、騙されたりしやすいという現れです。

★アドバイス例

「○○さん、今の時期は契約関係に気をつけてね」

あまり相手が心配する事は言わない方がいいですが、『あなたは優しい方だから、保証人などにならないか心配です』という感じでアドバイスするといいでしょう。

3 大損しそうな男性

イラストのように、**財運線に十字マークのある男性は、あくまでも可能性ですが、破産する可能性**があります。もしも男性が破産した場合、あなたに援助する覚悟があればいいのですが、そうでないな

ら避けた方が良い相手です。
もう一つ心配なのは、このマークの男性は一発勝負が好きなタイプが多いのです。仕事で大きな勝負に出たり、ギャンブルが好きだったりするので危険を伴います。
哺乳瓶で例えると、大きくヒビが入っているイメージです。ミルクは徐々に漏れ、やがて割れるでしょう。

★アドバイス例

「○○さんは細かい事、嫌いでしょ。男は勝負だ～みたいな感じじゃないですか？　でも少し慎重にねっ」

とは言え、男性の勝負好きは、なかなか直りません。どうしてもあなたがお付き合いしたいと思うのなら、覚悟しましょう。

4 ギャンブルが好きで借金しそうな男性

先ほどの**十字マークがあり、小指の下が灰色がかっていたらさらに注意！　近いうちに大損しそうです。**その原因は、ほとんどがギャンブル。

哺乳瓶をイメージして下さい。ひびが入り、ミルクは灰色。確実に腐っていますね。おなかもこわすし、ケガもしそうです。すぐに捨てた方がいいです。

★アドバイス例

この場合、ギャンブル好きと分かったらパートナーに選ぶのはあまりおススメできません。友人なら、今は金運が良くないからギャンブルは控えるようにとアドバイスしてあげて下さい。

Check5

男性の「恋愛・結婚」傾向は、ここをチェック！

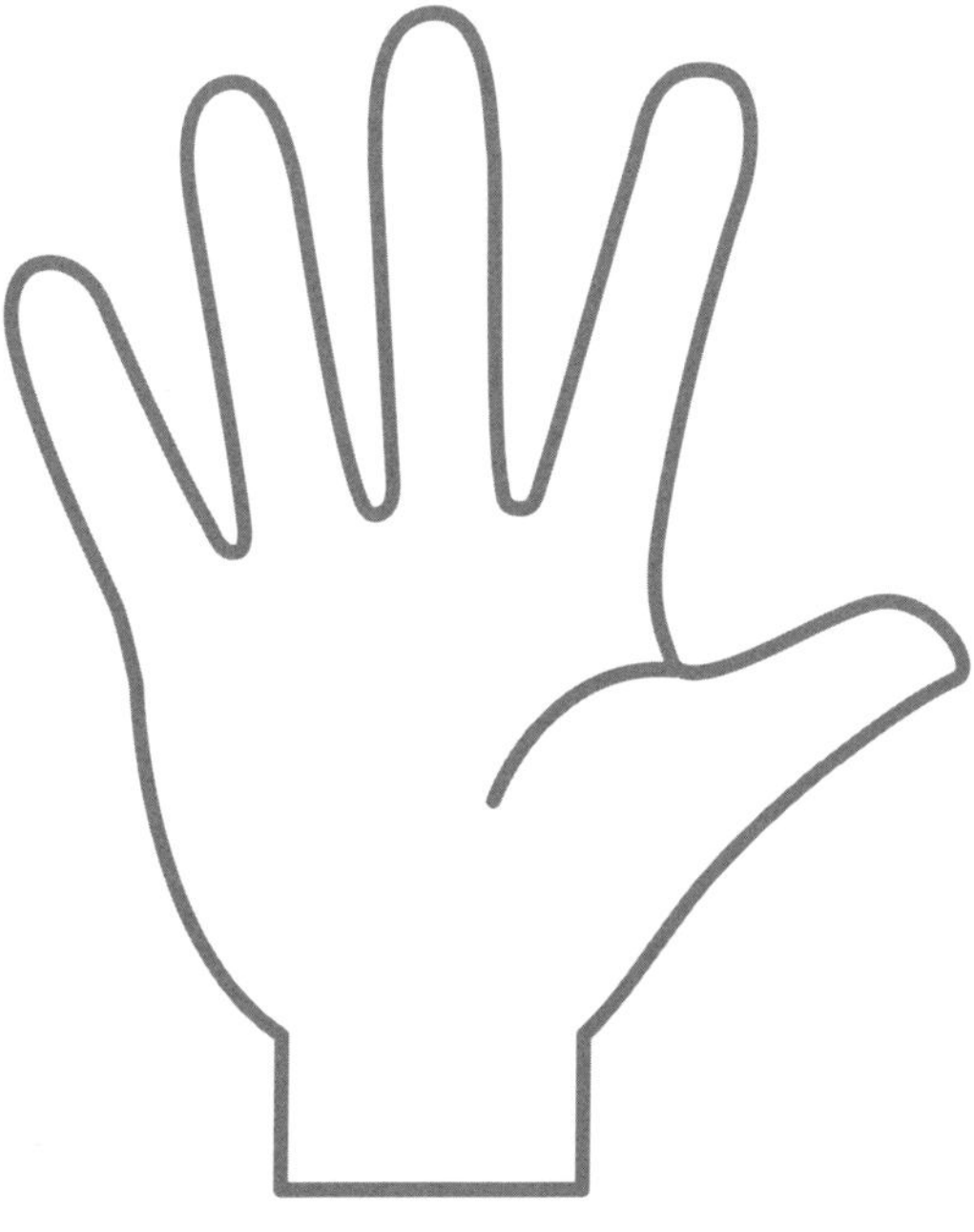

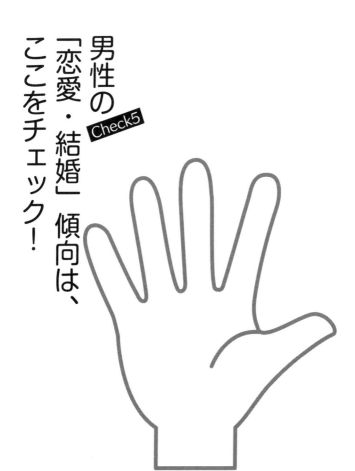

恋愛と結婚の時期を見る

いよいよ最終チェックポイント。恋愛と結婚です。

手相を知らない方でも、結婚線はどこに出ているかはご存じだと思います。小指の下の側面が結婚線です。**小指の下には、先ほど覚えていただいた金運やコミュニケーション、商才、子宝など沢山の意味があります。**

手相を詳しく学ぶと、出産する性別、人数などの線が見えてきます。

結婚線は恋愛、結婚を現しますが、法的な結婚だけが出るわけではありません。したがって、**結婚線の数と結婚の回数は関係ありません。**ただ、結婚線が多く出ている方は恋多きタイプといわれます。

1 幸せな結婚をする男性

イラストのように**真っすぐ長い結婚線は、いい旦那様**になりそうな男性です。特に**小指の真ん中あたりまでのびる線は、幸せな結婚ができる**確率が高いといえます。他に、短い線が複数あっても、その中の**一本がはっきりした長い真っすぐの線なら、理想の相手と幸せな結婚ができるでしょう。**

この結婚線は、先ほど金運で財運線を哺乳瓶に例えた哺乳瓶の目盛りをイメージして下さい。イラストのように、目盛りの中に長く太い目盛りがあれば正確にミルクを注げます。そして正確な量のミルクが飲めます。このような目盛りがある男性には、安心して愛情を注いでいいと言えるでしょう。

2 恋愛経験の多い男性

イラストのように、**沢山の結婚線がある方は、恋多き男性**といえます。薄い線ばかりの方は真剣な恋愛ではなく、軽い恋愛を重ねてきた、または重ねる男性です。濃い結婚線が数多くある方は、恋愛するたびに深く相手を愛するような方でしょう。**男性は恋愛経験が豊富な方がいいと思うなら、結婚線が複数ある男性がおススメです。**

哺乳瓶は、目盛りが沢山あるから、いろいろな分量で愛情を注いできたというイメージを描いて下さい。あなたにどれだけ愛情を注いでくれるか

は、あなたの行動次第です。

3 一途な男性

イラストのように、**一本だけ結婚線がある男性は恋愛経験が少ない男性**です。純愛タイプで初恋の人を思い続け、結婚するような男性です。**男性で一本だけの結婚線の方は稀**です。薄い線でも二、三本は出ているのが一般的です。一本だけ結婚線がある男性は大変貴重です。**一途な男性が好みなら断然おススメです。**

哺乳瓶に例えたら、一つしか目盛りがなく、愛情はこの人にすべて注ぎますというイメージです。

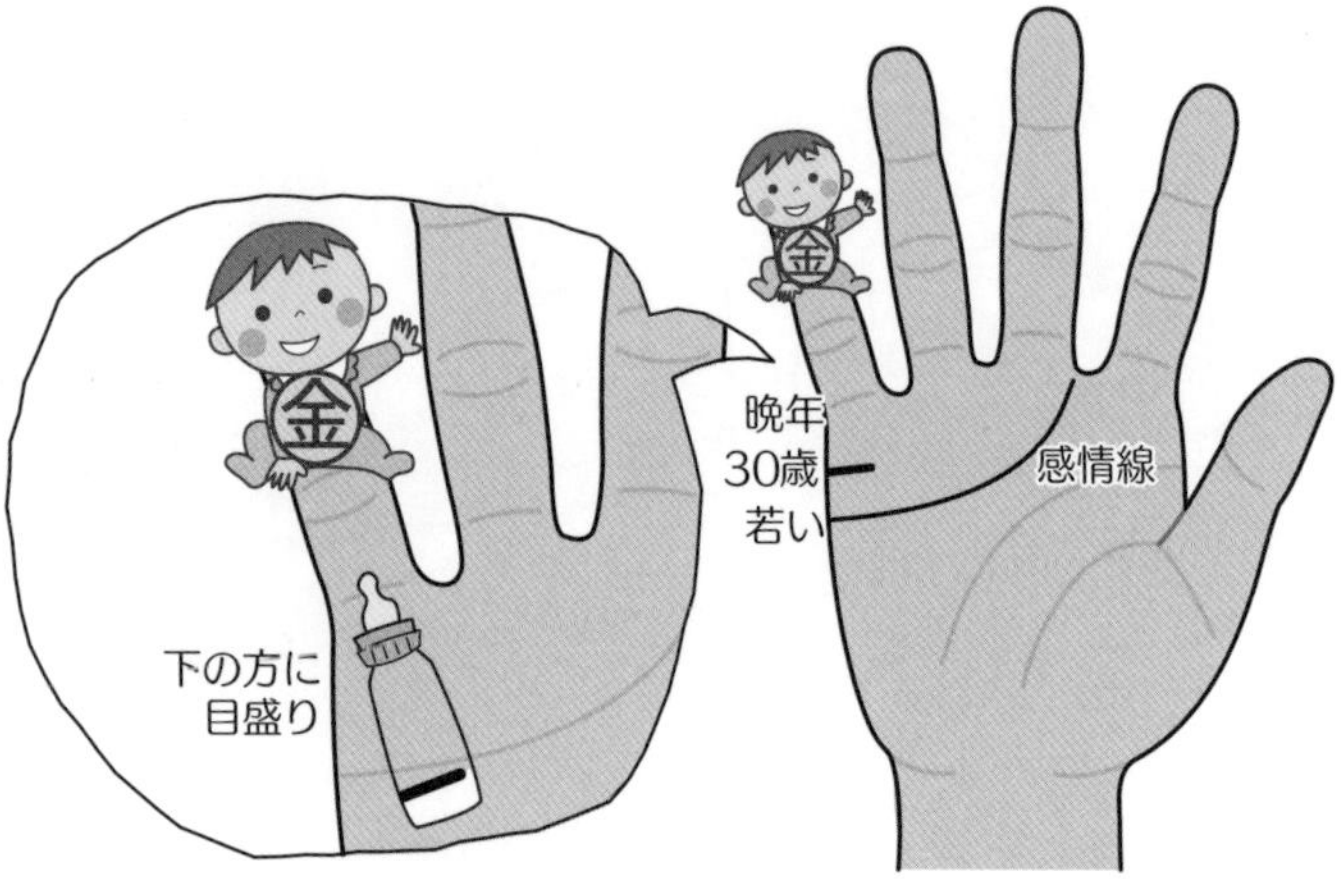

4 早婚向きの男性

イラストのように、結婚線が感情線と小指のちょうど真ん中あたりにある場合は、平均的な年齢で結婚するといわれ、古い書物では、男性は二十五歳とされていました。しかし、現在では三十歳くらいと考えられています。線が感情線に近い場合は年齢が若く、小指に近い場合は年齢が高いと考えます。

感情線に近い下の方に結婚線がある方は、若いうちに結婚する、またはそれに値する人に出会う可能性が高いでしょう。

あなたが好感を持っている男性がとても若い方なら、早めに結婚した方が幸せになれますよ、とアドバイスしましょう。

哺乳瓶なら、イラストのように下の方にはっきりとした目盛りがあるイメージです。たとえ上の方に薄い線が出ていたとしても、この位の量がこの男性には適量です。量（人生経験）が少ない分、あなたは濃い愛情を注いで下さい。

5 晩婚向きの男性

先ほどとは反対に、**小指に近い上の方にはっきりとした結婚線がある方は、年齢を重ねてからの結婚**が向いています。書物では、小指の付け根を五十歳としているものが多いですが、最近ではシニア婚も多い時代ですから、はっきりとした年齢は分かりません。

哺乳瓶なら、上の方にはっきりとした目盛りがあ

るイメージです。いろいろな人生経験と恋愛経験が満タンになった頃が、この男性は愛情を注ぐ時です。また、相手からも愛情を注いでもらえます。

6 今は結婚を考えていない男性

イラストのように、**結婚線が全く出ていない方は、現在、恋愛や結婚よりも仕事に夢中、または趣味に夢中で現在、結婚は考えていない**方です。

最近このような手を多く見かけます。恋愛しても、線に刻まれるほど深く愛することがない方が多いようです。結婚願望がない方も増えているようです。

哺乳瓶なら目盛りがない瓶です。この先目盛りが刻まれるかは、あなた次第です。

結婚に向いているかを見る

1 以前の恋愛を引きずる男性

イラストのように、**長い結婚線の下に短い線が出ている方は、過去の恋愛を引きずる**タイプです。過去の女性に未練があり、たとえ結婚した後も、また再会すれば、関係が戻る可能性がある方です。そんな男性は嫌ですよね？　この線が出ていないか、しっかりチェックして下さい。

哺乳瓶に例えると、何も入っていないのに、目盛りの下にミルクの水滴が残っているイメージです。

綺麗に洗えていないイメージです。

2 浮気しそうな男性

先ほどと似ていますが、イラストのように**長い結婚線の上に短い線が出ている方は**、**浮気性**の方が多いです。

今まで沢山の手を拝見してきましたが、この線は信ぴょう性が高いので、しっかりチェックして下さい。

哺乳瓶に例えると、目盛りの上にハートマークがついている感じでしょうか。決まった分量に満足できなくて、もう少し飲んじゃおうかな〜、少しなら問題ないかな〜というイメージです。

3 別居しそうな男性

イラストのように、**結婚線の先端が二股に分かれている方は、別居や単身赴任など、結婚しても別々に生活する可能性**がある方です。コミュニケーションを取らないと気持ちが通わなくなり、離婚の可能性もあります。

あなたが自分のライフスタイルを結婚で変えたくないという方は、このような線の男性でもいいかもしれません。

哺乳瓶で例えると、目盛りの先が小さくひび割れしているような感じです。ひび割れは、気をつけないと大きくなり、やがて割れてしまいます。でも、大切に使用すれば長く使えます。このような哺乳瓶を使う覚悟があるなら、大事に扱うことが大切です。

4 離婚しそうな男性

先ほどの、**二股に分かれた結婚線の先端が大きく下に伸びていたら、離婚の可能性が高い**です。あなたが好意を持っている男性や恋人がこんな結婚線だったら困りますよね？　でも、手相は変わります。このような結婚線の男性でも、二人の関係が冷めないように日々努力すれば、線は変わっていきます。

手相には、過去の離婚も刻まれるため、もしかしたらその男性は、離婚歴があるのかもしれません。上にはっきりとした結婚線が出ていれば、二股に下降した線は気にしなくていいでしょう。

哺乳瓶に例えたら、目盛りの先端に大きなひびが入っているイメージです。テープを貼って補強して使うのか、処分して新しい哺乳瓶を購入するのかはあなた次第です。

5 暴力を振るう可能性がある男性

浮気、ギャンブルなど、男性を選ぶときに気をつけたいことはいろいろありますが、暴力男だけにはかかわらないようにしたいですよね。

手相では、いろいろな場所から激情型タイプを見る事ができますが、簡単にその傾向があるのかを見るには、イラストのように**結婚線が長く伸び、その後急カーブして中指に向かっている。**または、**親**

指と人差し指の間の張りが強いことなどが特徴です。このような方は、**独占欲が強くて気が短い**という傾向があります。

哺乳瓶なら目盛りが上にいくイメージです。こんな哺乳瓶はありません。ミルク（愛情）は注がない方がいいでしょう。

あとがき

最後までお付き合いくださり、ありがとうございました。

手相と出会った頃の私は、八方塞がりのどん底にいました。そしてその解決を、占いに求めました。占い師のアドバイスは、

『大変な時こそ、人のためになることをしなさい。そのために学びなさい』

私は手相を学び、沢山の方の手に触れ、悩みを共感し、鑑定で笑ってもらうようになりました。気が付けば、沢山の友人や知り合いができ、自分の悩みも笑っていただけるネタになっていました。

他の占いにはない、手に触れるということが、ほんの短時間で相手との距離を縮めます。握手以外で、いきなり他人の手に触れることは少ないと思います。

現代はインターネットが普及し、SNSを通して会話もコミュニケーションもとる時代になりました。今後、ますます人間関係が希薄になりそうな気がしています。そこで私は、初対面でも手に触れ、一気に相手との距離が近くなるコミュニケーションの方法をお伝えしようと思い、この本を書きました。

人生は出会いがすべてと言ってもいいでしょう。私も手相を始め、沢山の出会いをしました。こうして本を執筆できたのも、出会いがあったからです。愛知県の片田舎に住む私が、遠藤励起様にご指導していただき、有限会社インプループの小山睦男様にコーディネートをしていただいたおかげで、出版に至りました。そして家族、友人、職場の皆様のご協力や支えも大きな力になりました。心よりお礼申し上げます。

最後に、この本は手相を覚えるための本ではありませんが、手相に興味を持たれた方は、ぜひ、専門書や講座で学んでみて下さい。この本を読み終えたあなたなら、比較的すんなり手相を覚える事ができると思います。

さあ、今から沢山の方に声をかけて下さい！

「いい手していますね〜」

〜皆様に素敵な出会いがありますように〜

佐藤 香

日本一笑わす手相家
佐藤 香（さとうかおり）

1965年生まれ、手相家、株式会社マルサ代表取締役、フラワーデザイナー。

幼少期から不思議な体験を重ね、幅広く占いやスピリチュアルに傾倒。夫が作った多額の借金返済のために、自ら旗振りをして借金を減らす。その後離婚し、新たな事業を展開するかたわら、手相、ルノルマンカードなど、多数の占いを学ぶ。現在は自身の波乱万丈の人生をネタにして、明るい鑑定で来る者を笑顔にする占い師として活動中。

〝一笑賢明〟を座右の銘として、日々笑い、学び、明るく生きている。

著書に『ゆっくりするのはあの世でケッコー思い起こせば笑いの宝庫！モッタイナイから書きました』（セルバ出版）がある。

★ホームページ　https://koukou09.jimdo.com/
★ブログ　http://ameblo.jp/kou87hana/

ホームページはこちらから

たった５秒！
手のひらを見るだけで
運命の男性が分かる

2017年10月13日　初版第１刷

著　者　佐藤 香

発行人　松﨑義行
発　行　みらいパブリッシング
東京都杉並区高円寺南4-26-5 YSビル3F 〒166-0003
TEL03-5913-8611　FAX03-5913-8011
http://miraipub.jp　E-mail : info@miraipub.jp
発　売　星雲社
東京都文京区水道 1-3-30 〒112-0005
TEL03-3868-3275　FAX03-3868-6588
カバーイラストレーション　水沢そら
書籍コーディネート　インプルーブ　小山睦男
編　集　諸井和美
装　幀　堀川さゆり
印刷・製本　株式会社上野印刷所

ISBN978-4-434-23849-9 C0076